KB165265

데인 관계?
대인 관계!

데인 관계?
대인 관계!

1판 1쇄 펴낸 날 2019년 3월 14일

지은이 민승기
펴낸이 나성원
펴낸곳 나비의활주로

기획편집 권영선
디자인 design BIGWAVE

주소 서울시 강북구 삼양로 85길, 36
전화 070-7643-7272
팩스 02-6499-0595
전자우편 butterflyrun@naver.com
출판등록 제2010-000138호
상표등록 제40-1362154호
ISBN 979-11-88230-64-8 03320

사람 없이도 못 살지만 사람 때문에 못 살겠다는 사람들을 위한 관계 처방전

데인 관계?
대인 관계!

민승기 지음

나비의 활주로

★★★　미래 시대의 키워드로 각계의 전문가들은 공유, 나눔, 플랫폼을 이야기합니다. 일찍이 노자가 말했듯이 많이 베푸는 사람이 지혜로운 사람이라는 삶의 이치와 다르지 않습니다. 이 세상에서 가장 강한 사람은 돈이 많은 사람도, 권력이 많은 사람도 아닙니다. 바로 사람의 마음을 얻는 사람입니다. 사람의 마음은 결국 좋은 관계에서 얻을 수 있는 것입니다. 저자는 우리의 삶 가운데 친절하고 따뜻한 관계의 나눔을 강조합니다. 단순히 인맥의 많고 적음이 아니라 개인의 존재 자체를 존중하면서 공감하고 소통하는 관계의 원리를 제시하고 있습니다. 이것이 바로 득도다조得道多助의 원리입니다.

리더십, 소통, 행복을 오랜 기간 강의해온 저자의 경험이 뒷받침되어 각종 사회 현상과 사회학, 심리학 등의 다양한 이론을 연결한 통찰을 통해 풀어낸 관계의 의미와 방법론은 누구에게나 쉽고도 현실적으로 다가갈 것입니다. 때로는 가정에서의 개인적인 관계의 문제를, 그리고 때로는 리더십을 비롯한 조직에서의 관계의 문제를 편안하게 읽을 수 있도록 적합한 사례와 함께 펼쳐냈습니다.

행복한 조직이 살아남는 시대입니다. 그래서 행복한 기업을 더 많이 만드는 일에 나름의 경험과 에너지를 보태고자 또 한 번의 가치 있는 도전의 앞자락에 발을 내딛은 저 역시도 이 책을 통해 많은 사람들과 기업들이 힘을 얻길 바라는 마음입니다. 외롭지도, 괴롭지도 않은 따뜻한 관계의 힘을 나누고 전파하는 길잡이가 될 것을 믿고 응원의 메시지를 보냅니다.

권대욱_ ㈜휴넷 회장, (사)남자의 자격 청춘합창단 단장

★★★ 사람은 태어나면서부터 관계를 맺기 시작합니다. 부모 자식 관계로 시작해서 성장해가면서 학교에서의 관계, 직장에서의 관계, 사회에서의 관계까지 끝없는 관계 속에서 인생의 다이나믹을 겪게 됩니다. 이 책을 통해서 나는 어떤 관계를 만들어왔고, 지금 어떤 관계 속에 있는가 하는 질문을 하게 됨과 동시에 어떻게 하면 특정한 이해관계를 벗어나서 보편적 친절함과 따뜻함의 관계로 만들어갈 수 있는지에 대한 해답을 찾을 수 있습니다.

4차 산업혁명이 화두인 요즈음 "함께 걸어야 관계가 이어집니다"라고 책의 저자가 말했듯이 나는 함께 걸어가는 사회에서 살기를 희망하면서 이 책이 그러한 시작이 되리라는 확신을 갖습니다. 때로는 감성적인 에세이를 읽는 듯한 느낌이 들기도 하고, 때로는 묵직한 사회학 칼럼을 읽는 듯하기도 합니다.

각종 이분법적인 가치 충돌과 갈등이 심화되는 이 시대에 가정과 사회가 갈수록 인간미를 잃고 삶의 방향을 상실한 암울한 사건으로 점철되고 있습니다. "빨리 가려면 혼자 가고, 멀리 가려면 함께 가라"는 아프리카 속담이 있습니다. 때로는 관계가 힘들고 어렵지만 함께라면 멀리 갈 수 있습니다. 친한 사람끼리만의 관계가 아닌 세상 모두와의 건강한 관계를 이어주는 통로로 이 책이 활용되길 바라며 추천의 마음을 전합니다.

이영구_ 우정공무원교육원장

★★★ 오늘날 우리 인류는 수많은 문제들 앞에서 해결책을 찾고 있습니다. 사회의 양극화, 경제, 안보 등을 해결하는 데 사회 체제나 법의 제정이 중요하다고 목소리를 높입니다. 이에 대해 노벨문학상을 수상한 알렉산드르 솔제니친은 진정한 인류의 위기를 따뜻한 공동체의 상실로 보았습니다. 공산주의도 차가운 통제와 억압 때문에 인류의 죽음을 초래하고 서구 사회도 차가운, 냉랭한 법 때문에 인류의 대안이 될 수 없다고 강조했습니다. 솔제니친은 인류의 진정한 위기는 안보나 경제의 문제가 아니라 공동체를 상실한 차가운 사회라고 통찰했습니다.

인류가 공동체의 상실로 인하여 위기를 맞이하고 있는 상황에서 행복비전연구원 원장인 저자는 거리를 두되 함께 걸으라면서 '관계'를 강조하고 있습니다. 관계 때문에 힘들어하면서도 관계에서 자유롭지 못한 일상의 수많은 사람들이 생각났습니다. 피할 수도 없고 피해서도 안 되는 관계라는 올무에 걸린 듯한 현대인들의 너나 없는 고민입니다. 이런 우리의 복잡한 현실에서, 저자는 함께 있으라고 합니다. 그러면서도 적당한 거리를 두라고 말합니다.

저자의 제안처럼 조금은 어렵더라도, 비록 적당한 거리를 두더라도, 반드시 함께 걸었으면 좋겠습니다. 그래야 따뜻하고 친절한 관계 속에서 살아가는 사회가 되기 때문입니다. 결국 사람이 모든 문제를 해결할 수 있고 사람이 대안이기 때문입니다. 그런 맥락에서 저는 이 책을 통해 우리의 사회가 더 따뜻한 관계의 사회로 변화되고 성숙하기를 진심으로 응원하고 기대합니다.

유성희_ 한국YWCA연합회 사무총장

"세상에서 가장 어려운 일이 뭔지 아니?"

"흠, 글쎄요. 돈 버는 일? 밥 먹는 일?"

"세상에서 가장 어려운 일은 사람이 사람의 마음을 얻는 일이란다."

소설《어린 왕자》에 나오는 이야기입니다. 아마도 사람과의 관계가 중요한 이유를 꼽자면 수도 없이 많을 것입니다. 사람 사는 세상에서 '관계'만큼 중요하면서도 어려운 일은 드물다고 생각합니다. 어쩌면 관계란 너무나 일상적인 일이라 어려운 줄도 모르고, 살아가면서 나름 잘하고 있다고 착각하는 삶의 숨겨진 조각인지도 모릅니다.

어느 대학교 학생상담센터 홍보 포스터에서 기가 막힌 문구를 보았습니다.

'데인 관계에서 대인 관계로!'

역사상 그 어느 때보다도 평등하고 자유로운 우리의 고학력 청춘들도 관계에 대한 고민이 심각함을 알았습니다. 세계 어느 나라보다도 휴대전화와 인터넷 보급률이 높은 우리나라 가정과 기업에서 소통과 관계의 문

제는 점점 더 커지고 있음도 강의 현장에서 체험하게 됩니다. 동방예의
지국으로 일컬어지던 우리나라가 가정과 사회 전반에 걸쳐 세대 간의 갈
등이 그 어느 때보다 심해진 현실도 곳곳에서 보게 됩니다.

릴케는 "우리에게 위안을 주는 사람이라고 해서 그의 말처럼 그 사람
도 평온하게 산다고 생각하면 안 된다"고 말했습니다. 그 사람 역시 어려
움과 슬픔 속에 살고 있으며, 우리보다 더 힘든 상황일 수도 있다는 것입
니다. 사람은 누구나 힘듭니다. 그저 남의 떡이 커 보이는 것뿐입니다.
인간관계에서 고민이 한 가지도 없는 사람은 없습니다. 외로워서 고민
되고, 부대껴서 고민합니다. 그래도 관계를 떠나서는 살 수 없습니다. 이
세상이 특정한 이해관계에 의해서만이 아니라 보편적 친절함과 따뜻함
의 관계로 이어진다면 훨씬 행복해지지 않을까 기대하는 마음에 이 책을
쓰게 되었습니다.

4차 산업혁명 시대는 이제 누구에게나 익숙해졌습니다. 일상의 모습
에서 가히 혁명적인 변화를 쉽게 찾을 수 있는 시대입니다. 그 중심에는
인간 뺨치는 인공지능을 비롯한 첨단 기술의 발전이 자리하고 있습니
다. 그래서 굳이 인간의 수고를 통하지 않고도 많은 일들을 탁월한 수준
으로 해낼 수 있습니다. 머지않아 인간을 대체하는 기술력으로 인간이
위기를 맞을 것이라는 예측도 나오고 있습니다. 그럼에도 불구하고 인간
은 인간입니다. 인간이 존재하는 한 관계는 중요합니다. 기계나 기술이
대체할 영역은 따로 있는 법입니다. 제아무리 디지털 시대라고 해도 아
날로그가 완전히 사라지는 것은 아니지요.

미국에서 경영자들을 대상으로 조사한 자료에 의하면 최근 해고된 사람들의 해고 사유는 업무 능력 부족이 아니라 대인 관계 문제가 가장 큰 것으로 알려졌습니다. 실리콘밸리의 세계적인 기업에서 강조하는 최상의 복지는 업계 최고의 연봉이나 공짜 카페테리아가 아니라 최고의 동료와 일하는 업무 환경입니다. 치열한 생존 경쟁 속에서 성과와 이익을 목표로 하는 기업에서조차 대인 관계를 빼놓고서는 경영을 이야기할 수 없는 것이 현실입니다.

　재수 없으면 120세까지 살아야 한다는 이 시대에 성과와 능력에만 매몰되지 말고 관계에 눈을 떠야 행복하게 살 수 있습니다. 관계력 향상을 위한 통상적인 대인 관계의 처세술이 아니라 그냥 관계에 대한 관점을 나누고 싶습니다. 꽤 여러 해 동안 이 주제를 붙잡고 고민하며 자료를 찾고 책으로 엮기 위해 애썼습니다. 가정에서부터 기업과 공공 영역에 이르기까지 관계를 중심으로 현상을 파악하고 원인과 대응책을 살폈습니다. 수필처럼 편안하게 느껴지도록 시를 여러 편 인용하기도 했습니다. 부족함에도 불구하고 이 책을 통하여 가정에서의 관계, 직장에서의 관계, 그리고 일상 삶에서의 관계가 인생의 어려운 숙제가 아닌 축제가 되길 바라는 마음입니다.

　칼릴 지브란은 그의 시에서 '함께 있되 거리를 두라'고 노래했습니다. 그런데 저는 조금 다르게 접근하고 있습니다. 거리를 두되 함께 걸어야 한다고 말입니다. 함께 걸어야 관계가 이어집니다. 비록 거리를 두더라도 함께 걷기를 포기하거나 피해서는 안 됩니다. "군중 속의 고독"이란 말처럼 주변에 사람이 많다고 관계가 좋은 것은 결코 아닙니다. 대인 관계에 있어서 나름의 고민과 답답함을 가진 모든 분들께 기꺼이 함께 걸을 자신감과 방법을 전하고 싶은 마음입니다. 저 역시 늘 관계에 대한 폭넓은 관점으로 편안하게 읽을 수 있는 책이 있었으면 좋겠다고 생각하던 터에 제가 쓰고자 생각한 것뿐입니다. 누가 봐도 흠잡을 데 없는 훌륭한 책은 아니더라도 누군가에게는 고구마와 함께 가볍게 마시는 사이다 같은 책으로 다가가길 소망합니다.

2019년 1월

평화의 동산에서 민승기

CONTENTS

PART 3 행복한 관계를 위한 필생生기

PART 4 관계에서 자유로운 나를 위하여

역사상 가장 많은 인구가 지구에 살고 있는 이 시대에 인간관계야말로 최고의 고민거리입니다. 어쩌면 먹고사는 문제 이상으로 관계에 대한 고민이 우리를 힘들게 하는지도 모릅니다. 왜 나만 이렇게 관계로 힘이 들까 생각하는 많은 사람들이 있습니다. 그런데 나만 그런 것이 아닙니다. 세상엔 관계 문제로 힘들어하고 상처받는 사람들이 넘쳐납니다.

도대체 이 세상엔 어떤 문제들이 벌어지고 있을까요? 현실을 직시하고 현상을 알면 관계에 대한 인식과 접근에 도움이 될 것입니다. 단지 부정적인 관점으로 세상을 삐딱하게 보라는 것이 아니라 이런 현실에서 살고 있기에 관계에 대한 새로운 접근으로 노력을 하자는 것입니다. 무기력한 냉소가 아니라 긍정적인 의지로 접근하는 관계의 출발점이 되었으면 좋겠습니다.

PART 1

관계가 사람 잡네

관태기를 아시나요?

마당발, 사회성, 인맥 부자, 관계의 달인, 네트워크……. 여러분은 이런 단어를 보면 어떤 생각이 드는지요? 바로 나를 가리키는 말이라고 자신 있게 생각하는 분도 있겠지만, 나와는 전혀 상관없는 말이라고 생각하는 분들도 있을 것입니다. 이분들은 이러한 말들을 보면 위축감이 느껴지거나 스트레스가 되기도 합니다. 인맥이나 인간관계에 자신이 없으면 왠지 도태되는 삶을 사는 것 같다고 생각하기도 합니다. 주변에 사람이 많고, 누구와도 잘 어울리는 성격 좋은 사람이 사회성도 좋고 꼭 성공한다는 통념이 여전한 것도 사실입니다. 그래서 요즘은 온라인 관계 맺기에 열을 올립니다. 오프라인에서는 잘 못하더라도 온라인에서는 밀릴 수 없다는 고집과 오기가 발동하기도 합니다. 그래서 이 시대에는 '카페인 중독'이 넘쳐납니다. 세계적으로 커피 소비가 증가하는 것을 말하는 것이 아니라 카카오톡, 페이스북, 인스타그램에 목숨을 거는 현상을 말합니다.

온라인상의 모습이 실제의 삶과 얼마나 일치하는지는 알 수 없지만 우리는 SNS상의 모습을 보면서 때로는 공감도 하고, 때로는 막연히 부러워하기도 합니다. 온라인 친구가 몇 명인지, 좋아요를 몇 명이 눌렀는지, 혹은 팔로워가 몇 명인지가 그 사람의 삶의 수준과 영향력을 말해준다고 생각하지요. 하지만 이것이 착각임은 쉽게 깨닫지 못합니다. 그리고 관계에 자신이 없거나 고민이 많은 사람일수록 이런 착각과 맹신에 빠지기 쉽습니다.

우리나라는 유독 인맥 쌓기와 관계 맺기를 중시해온 문화적 정서가 한몫하기에 관계에 대한 압박감이 더욱 심한 것인지도 모릅니다. 그리고 타인의 시선과 비교에서 자유롭지 못한 우리의 삶의 패턴이 관계에 대한 인식을 왜곡하기도 합니다. 나 자신보다 내 친구가 누구인가를 강조하며 살아온 삶의 패턴과 정서 말입니다. 유난히 학연, 지연, 혈연이 삶에 미치는 영향이 컸던 우리 사회의 민낯이 여전히 우리의 DNA에 남아 있는 것 아닐까요? 물론 관계는 삶의 필수 조건입니다. 가족도, 친구도, 직장도 모두 관계입니다. 이런 관계를 통해 자기 실현도 가능합니다.

사르트르는 인간의 실존 조건으로 '자유'를 말합니다. 그런데 이런 자유도 타인과의 관계를 통해 실현된다고 했습니다. 성공한다고 자유로운 것이 아니라 관계를 통해 자유로워진다는 것입니다. 혼자로는 결코 충분하지 않은 인간이기에 관계를 가꿔가면서 스스로 선택하고 결정하는 가운데 자유롭게 된다는 것이겠지요. 그런데 사르트르는 타인이 '지옥'이라고도 말합니다. 골치 아프게 사르트르의 타자론他者論까지 들먹일 의도는 없기에 더 언급하지는 않겠지만, 어떻든 인간에게 관계는 양날의 검과 같습니다. 현대인들은 이런 검을 들고 살얼음 위를 걷듯이 자기표현 *self-presentation*의 욕구를 펼치면서 타인의 시선으로 자신을 느끼고 자신을 찾고자 무던히도 애를 쓰고 있습니다.

"타인이 지옥이다 *Hell is other people***."** - 사르트르-

각종 소셜 미디어를 통해 유통되고 있는 이미지는 대개 타인의 시선을 요구합니다. 설령 그 이미지가 사실이 아닐지라도 타인에게 자신이 어떻게 비치길 바라는지의 은밀한 욕구가 담겨 있습니다. 인터넷을 통해 쉽게 찾아볼 수 있는 것이지만, 소셜 미디어에 남긴 이미지를 연출하기 위한 많은 사람들의 눈물겨운 아이디어와 카메라 기술은 타자를 허탈하게까지 합니다. 그럼에도 필사적으로 자신의 흔적을 남깁니다. 그리고 좋아요 숫자를 세어봅니다. 주변 친구의 좋아요 숫자와 비교하면서 뿌듯해하기도, 실망하기도 합니다. 그리고 더 멋진 이미지를 포스팅 하기 위한 교묘한 쥐어짬의 노력이 이어지게 됩니다. 그러다 보니 피로가 쌓이는 것입니다.

그토록 애쓰고 노력하고 집착하기까지 하는 관계 맺기에 우리는 서서히 피로를 느끼게 되었습니다. 관계의 피로는 관계의 권태기로 이어져 '관태기'라는 신조어도 등장했습니다. 한동안은 친구가 5천 명이 넘었다며 인맥의 풍부함에 취했었는데, 막상 시간이 흐르면서 겪어보니 진정한 관계의 인맥이 아니었음을 체험하면서 처치 곤란의 인맥이 되어버린 것이지요. 진짜 친구가 되는 인맥이란 공통의 관심, 성향, 목표 등을 기반으로 친밀감이 형성되어야 하는데 온라인상의 인맥과 관계는 턱없이 가벼운 관계일 뿐임을 알게 된 것입니다. 오죽하면 '티슈 인맥'이라고도 하겠습니까? 필요할 때 한번 사용하고 버리는 티슈와 같은 관계 말입니다.

실제로 20대 청년들을 대상으로 조사한 자료에 의하면 우리나라의 청년 가운데 42%가량이 관태기를 겪고 있다고 합니다. 그리고 통계청의 자료를 보더라도 2007년에 여가 활동을 혼자 하는 사람이 44%였는데, 지난 10년 사이에 그 비율이 60%에 이르는 급격한 변화를 보였습니다. 이제는 더 이상 혼자 밥을 먹거나 영화를 보는 것이 사회성이 부족하고 능력이 떨어지는 사람이 아닌 세상이 되었습니다.

예전에는 '웰빙'이 키워드였다면 이제는 '힐링'이 키워드인 시대입니다. 욜로YOLO를 외치면서 인적이 드문 오지를 찾거나 혼자 여행 가방을 꾸려 돌아다니는 것이 대세로 등장한 것입니다. 그동안 관계 속에서 위로를 받고 성장하는 삶을 추구했다면 이제는 그 관계의 무게로 인해 고통받고 상처받는 아이러니에 직면한 것입니다.

인터넷의 발달로 이제 장소에 구애받지 않는 삶이 가능해졌습니다. 그만큼 구속되지 않는 생활이 가능해졌다는 말입니다. 스마트 워크가 가능해져 재택 근무의 혜택을 누리는 직장인도 늘어났습니다. 그런데 이세 문제가 되기도 합니다. 시도 때도 없이 울리는 카톡 알림과 이메일의 압박이 장난이 아니기 때문입니다. 퇴근 후의 삶이나 심지어 휴가지에서의 자유까지 박탈되기도 합니다. 웬만하면 몇 개씩 가입되어 있는 단톡방과 밴드의 울림은 이미 공해 수준으로 변질되었습니다. 언제든지 어디서나 누구와도 연결될 수 있음이 자랑에서 재앙으로 변한 것입니다.

과거에는 새해를 시작할 때 새로운 계획을 세우고 결심을 다지면서 힘 차게 도전하는 삶이 일상적이었습니다. 그런데 요즘은 정리가 먼저인 분위기가 생겨났습니다. 인맥을 정리하는 것입니다. 앞으로 인맥을 정리하겠다고 마음먹고 실천하면서 새롭게 한 해를 시작합니다.

여러분도 종종 이런 포스팅을 본 적이 있을 것입니다. "이런 친구는 삭제에 들어갑니다, 양해 바랍니다" 등등의 메시지 말입니다. 또는 아예 자발적 아웃사이더가 되기도 합니다. 어차피 진정한 친구 관계가 아닌데 굳이 어색하고 불편하게 관계를 만들어갈 필요가 없다는 생각에 애써 새롭게 사람을 만나거나 사귀지 않는 것입니다. 어떤 일이나 상황에서 열정이 식어 시들해지는 권태. 그동안 온갖 목적과 수단을 다해 관계 맺기에 올인 했었다면, 이제는 관계에 피로를 느껴서 혼자만의 삶을 추구하는 새로운 트렌드가 생긴 것입니다.

"새해의 시작은 무늬만 친구인 관계 정리가 우선!"

예측 오류라는 것이 있습니다. 영화를 보면 기분이 좋아질 것 같아서 영화를 봤는데 별로 좋아지지 않는 것과 같은 현상입니다. 각종 소셜 미디어를 사용하면 기분이 좋아질 것 같지만 막상 페이스북 등에 들어갔다 나오면 오히려 기분이 우울해지게 되는 것입니다. 오스트리아 인스부르크 대학과 호주 찰스 스튜어트 대학의 연구에 따르면 페이스북에 접속했던 사람들의 기분이 실제로는 더 좋아지지 않거나 외로움을 느끼게 되었다는 실험 결과가 이를 뒷받침합니다. 우리나라 직장인들도 70%가량이 소셜 미디어에 피로감을 느끼고 있음이 조사되었습니다. 원하지 않는 내용을 읽게 되거나 업무와 사생활의 경계가 모호해지는 이유가 가장 컸습니다. 또 어느 조사에 의하면 인간관계라는 단어와 같이 가장 많이 언급된 단어는 뜻밖에도 '무섭다'였습니다. 그 외에도 '스트레스', '힘들다', '외롭다' 등의 부정적인 단어가 상위 10개 가운데 7개나 되었습니다.

하루 종일 휴대전화를 손에 들고 있으면서 수시로 소셜 미디어에 연결해도 무의미한 메시지에 무의미한 댓글만 달면서 관계의 충족감이 아니라 오히려 자존감의 상실과 시간 낭비의 허무함만 느끼는 시대가 된 것 아닐까요? 수백 통의 축하 메시지와 현란한 이모티콘이 난무해도 정작 같이 시간을 보내며 얼굴을 맞대고 생일 케이크를 자르는 사람은 없을 수도 있는 허망한 관계의 시대를 어떻게 바라볼 것인가요? 우리의 노력에 따른 관계 쌓기가 도리어 우리의 자유를 얽매는 족쇄가 되는 것에 나 자신부터 올바로 대처하지 않으면 안 될 것입니다.

정말로 친구가 많은가요?

인간의 행복을 위한 조건은 무엇일까요? 이 주제로 하버드 대학교 입학생의 70세까지 삶을 조사한 조지 베일런트 교수는 "인간관계가 한 사람의 행복을 좌우한다"고 말했습니다. 돈이나 권력 혹은 명예가 아닌 사회적 연결의 핵심인 인간관계가 행복의 제1조건이라는 것입니다. 그래서 사람들이 친구 만들기에 그렇게 열을 올리는 것인지도 모릅니다. 또한 로체스터 대학교의 연구에 의하면 사회적 연결이 흡연이나 알코올 중독보다 건강에 더 많은 영향을 준다고 합니다. 결국 긴밀한 인맥을 유지한다는 것은 건강과 행복을 이루는 데 매우 중요한 요소인 것입니다.

친한 듯 친하지 않지만 친한 관계로 이어지길 바라는 마음에 우리는 끊임없이 친구를 맺어가고 있는지도 모를 일입니다. 하지만 아무리 인간관계가 행복의 중요한 조건이라고 해도 어떤 관계인가의 문제는 매우 중요합니다. 바로 관계의 양과 질의 문제 말입니다.

최근 마크로밀 엠브레인의 조사에 의하면 100명 이상의 페이스북 친구 가운데 '진짜 친구'는 평균 5명인 것으로 밝혀지기도 했습니다. 그런데 대부분의 사람들은 휴대전화에 저장된 사람의 수만큼, 혹은 페이스북 친구 수만큼 친구가 많이 있다고 착각합니다. 정작 얼굴도 모르는 친구가 부지기수이거나 단 한 번도 대면하여 대화를 나눠본 적이 없는 사람 투성이임에도 막연히 나에게는 친구가 많다는 근거 없는 자신감을 가집니다. 질보다 양이 우선한다는 브레인 스토밍의 원리와 친구의 수는 전혀 다른 것입니다.

　　오늘날 친구라는 말의 가치를 심각하게 실추시킨 범인으로 소셜 미디어를 지목하는 사람이 많습니다. 과거와 전혀 다른 문명의 발달이 친구에도 영향을 미쳤습니다. 디지털 이민자인 기성세대는 1980년대 초반에 모토로라의 벽돌폰을 경험했고, 자동차에서 사용하는 카폰을 경험했을 뿐입니다. 전화는 통화가 목적이고, 친구와의 대화는 만나서 하는 것이 일상적이었습니다. 그런데 디지털 원주민인 젊은 세대는 태어나 성장하면서 줄곧 휴대전화와 인터넷을 사용하게 되었습니다. 직접 만나지 않고도 친구와 소통이 가능하고 관계를 만들어가는 것이 자연스러운 세대가 나타난 것입니다. 그런 인터넷과 휴대전화의 보급으로 친구라는 범위가 확장되는 데 지대한 기여를 한 소셜 미디어가 이제는 친구의 가치를 실추시킨 범인이 된 것입니다. 친구 맺기와 친구 추천 등의 기능으로 친구인 듯 친구 아닌 수많은 친구라는 이름의 낯설고 안 친한 친구들이 생겨났습니다.

이제 그 친구 관계도 변하고 있습니다. 진짜 친구와 무늬만 친구인 관계로 나뉘는 것입니다. 앞에서 이미 혼자가 편한 세상이 왔다고 말했는데, 가장 대표적인 것이 혼밥족입니다. 과거에는 집단에 끼지 못하거나 타인과 어울리지 못하는 문제적 사람이 혼자 외톨이가 되어 밥을 먹었습니다. 그런데 점점 자발적으로 혼자서 밥 먹는 사람이 늘어나고 있습니다. 편의점에 가면 혼밥족을 위한 온갖 상품들이 화려합니다. 혼밥을 하면 상대방이 무엇을 먹는지 신경 쓰지 않아서 좋고, 시간도 마음대로 사용해서 좋다고 합니다. 점심 메뉴 하나를 고를 때에도 상대방을 신경 써야 하는 스트레스가 싫은 것도 하나의 이유입니다.

학생이든 직장인이든, 이런저런 이유로 혼밥족이 늘고 있습니다. 20조 원의 시장 규모로 확장된 편의점 업계도 이런 상황에 발맞춰 독서실 책상 모양의 혼밥존을 설치하고 조리와 설거지가 필요 없는 간편식 구성을 늘리며 간편함, 소포장, 가성비의 3대 매력으로 공략하는 변화를 보이고 있습니다.

"친구는 많은데 혼밥족은 늘어난다."

최근 대학생들 사이에 생겨난 새로운 풍속으로 '밥터디'가 있습니다. 무슨 스터디 그룹이 아닙니다. 말 그대로 밥만 먹고, 관심 정보만 간단히 공유하는 모임입니다. 아무리 혼밥족이 늘고 있어도 사람은 누군가와 같이 밥을 먹고 싶은 본능적인 욕구가 있기 마련입니다. 그렇다고 밥을 먹기 위해 많은 시간을 소비할 심리적인 여유는 없습니다. 예전처럼 친구들과 만나 밥을 먹으면서 수다를 떨고, 커피숍에서 후식을 즐기는 대학 생활의 사치가 보장되지 않는 것입니다. 그래서 시간과 장소를 맞춰서 밥만 같이 먹을 사람끼리 모입니다. 모여서 밥을 먹으니 혼자의 외로움을 커버하면서 밥만 같이 먹고 쓸데없는 대화나 간섭은 하지 않으므로 효율적이라고 말합니다. 밥터디에서는 굳이 상대방에 대해 알려고 하거나 친해지려고 하지 않습니다. 필요 이상의 대화나 질문도 하지 않습니다. 서로 선을 지키면서 같이 밥을 먹는 것이면 충분합니다. 약간의 공부에 관한 정보만 나누면 그것으로 끝입니다.

우리가 전통적으로 생각하는 친구 관계와는 거리가 꽤 먼 듯합니다. 조금만 돌아보면 친구로 둘러싸인 온라인 친구의 홍수 시대인데, 정작 밥을 같이 먹을 친구는 드뭅니다. 때로는 진짜 친구도 부담이 되는 세상이 된 듯합니다. 우리 사회가 이렇게 친구와의 관계도 힘들거나 약하다면 낯선 타인과의 관계의 질은 어떨지 궁금합니다.

아리스토텔레스는 친구란 제2의 재산이라고 했습니다. 인디안 속담에서는 친구란 '내 슬픔을 등에 지고 가는 사람'이라고 했다지요? 또한 스페인의 철학자 그라시안은 "친구를 얻는 것은 또 하나의 인생을 얻는 것"이라고도 했습니다. "신은 모두를 치유할 수 없기에 친구를 만들었다"는 누군가의 말도 인상 깊습니다. 이런 친구가 사라지고 있는데도 현대인들은 소셜 미디어의 친구 때문에 허상에 속아 살고 있는 것은 아닌지 적잖게 우려됩니다.

인간은 사회적 동물이라고 하듯이 친구가 필요합니다. 아니, 정확히는 관계가 필요합니다. 여기에서 관계란 진정성과 친밀감을 포함하는 말입니다. 그저 형식적이고 가식적인 관계는 사회적 동물로서의 인간에게는 의미가 없습니다. 인생을 살아가면서 돈으로 살 수 있는 것에 대한 염려는 중요하지 않습니다. 돈으로 살 수 없는 것들이야말로 진짜 중요한 경우가 많습니다. 친구가 그렇고, 관계가 그렇습니다. 그런 친구가 사라지고 있는 것입니다. 넘쳐나는 친구 속에서 진짜 친구가 없는 것입니다. 그런데 친구가 넘치도록 많이 있다고 착각하고 살아갑니다.

"돈으로 살 수 없는 것을 염려하며 살아라."

작년 추석 무렵에 영화 한 편을 보았습니다. 고등학생 딸의 실종 사건을 파헤치는 아버지에 얽힌 스토리였습니다. '서치'라는 제목의 이 영화는 20대인 젊은 감독의 감각만큼이나 신선한 최신 제작 기법으로 반전에 반전을 엮어가면서 제법 몰입도 있게 그려졌습니다. 아버지가 어느 날 갑자기 사라진 딸의 행방을 추적하면서 딸을 둘러싼 주변 인물과 접촉하는데, 그 수단이 인터넷과 소셜 미디어입니다. 평소에는 전혀 몰랐던 딸의 소셜 미디어 활동을 추적하면서 아버지는 놀랍게도 딸에게 친구가 없었다는 사실을 알게 됩니다. 영화에서도 나왔듯이 딸의 소셜 미디어에는 제법 많은 친구들이 연결되어 있었지만 정작 딸에 대해 제대로 알고 있는 진짜 친구는 아무도 없었습니다. 밝고 건강하게 학교 생활을 잘하고 있는 줄 알았지만 늘 혼자였던 딸에 대해 아버지는 놀랍니다. 그리고 아버지인 자신과도 친구가 아니었음을 깨달으며 반성과 용기를 보여주는 마지막 장면이 뭉클했던 기억이 있습니다.

부산 동아대학교 하승태 교수는 요즘 젊은 세대의 친구 관계에 대하여 "고독하고 고립된 시대에 사회적 관계의 욕구 충족을 위한 방법으로 익명성에 기댄 낯선 사람과의 교류를 이어간다"고 분석했습니다. 역시 문제는 관계입니다. 친구의 수가 아무리 많아도 관계의 진정성이 담보되지 않는 친구는 친구가 아닙니다. 온라인상의 무수한 친구도 친구가 아닙니다.

여러분은 친구가 몇 명인가요? 세상이 시공간적으로 무한히 확장되고 연결되는 디지털 시대를 살아가면서 우리는 어떤 친구를 가졌나요? 나의 문제를 해결해줄 '수단'으로서의 친구가 아닌 나의 마음과 삶을 나눌 '존재'로서의 친구가 몇 명이나 있을까요? 그리고 그런 친구에 대해 얼마나 감사하고 있을까요? 친구는 숫자로 말하는 게 아닙니다. "어디니?"라고 물었더니 곧바로 "우리 만날까?"라고 되물어오는 친구가 그립다는 어느 분의 마음이 제게도 그냥 훅 들어오네요.

CHAPTER 3

둘만 모여도 관계가 사람 잡는다

한국 사회에서 사람이 모이기에 가장 적합한 때는 역시 명절입니다. 물론 생일이나 기념일도 있겠지만 명절만은 못하지요. 산업화 시대의 영향으로 고향을 떠나는 직장인이 늘어나면서 명절 귀향 풍속이 일반화된 이래로 우리나라에서 명절에 부푼 마음으로 고향을 찾는 모습은 쉽게 사라지지 않을 것입니다.

과거에는 회사에서 전국의 주요 지방 도시로 내려가는 버스를 대절하여 임직원들의 귀향을 돕기도 했고, 심지어 대학교에서도 지방에서 올라온 학생들의 편의를 위해 명절 귀향 버스를 운행하기도 했습니다. 지금 생각하면 격세지감의 풍경임에 틀림없습니다만, 그리 오래되지 않았는데도 지금은 까마득히 잊혀진 광경이지요. 하지만 이렇게 명절에 원근 각처에서 가족 친지들이 모여도 마냥 즐겁기만 한 것이 아닙니다. 사람이 모인 곳에는 으레 갈등이 발생하기 마련입니다. 오죽하면 명절 증후군이란 말이 생겨났겠습니까? 비단 우리나라만 명절 증후군이 있는 것은 아니지만, 급격한 사회 변화와 유교적 전통의 충돌이 유독 강한 우리나라가 특히나 심한 듯합니다.

　명절 증후군은 단순히 정신적인 스트레스뿐만 아니라 신체적인 증상도 동반되는 엄연한 질병입니다. 그리고 이런 증후군은 특정 사람에게만 나타나는 것이 아닙니다. 입시를 준비하는 학생, 취업 준비생, 결혼 전인 미혼 남녀, 아직 아기가 없는 기혼 남녀, 시댁에서는 여전히 불편한 며느리, 처가에서 힘 못 쓰는 사위, 그리고 자식들이 모두 떠난 후 허전한 부모님 등 우리 모두에게 나타날 수 있는 것입니다. 결코 남의 일이 아니라는 것이지요.

　뭐니 뭐니 해도 명절 증후군의 당사자는 현실적으로 며느리 혹은 여성일 가능성이 높습니다. 여전히 우리 사회의 정서가 구시대적 수준에 머물러 있는 이유일 것입니다. 명절 증후군을 피하기 위한 기발하면서도 처절한 고육지책도 등장했습니다. 당직 근무를 자원하는 일은 이미 고전적인 방법입니다. 가벼운 수술 일정을 명절 직전으로 잡는 것에서부터 과감하게 여행을 떠나버리는 도전적인 방법도 있습니다. 환자용 가짜 깁스를 활용하는 것도 이미 수년 전의 이야기가 되었습니다. 이유가 어찌 되었든 명절 증후군으로 고통받는 당사자는 얼마나 괴롭겠습니까? 최근에는 아예 명절을 없애달라고 청와대에 청원을 올리는 일도 있었습니다. 명절의 취지와 달리 모이면 스트레스와 갈등이 생기니 차라리 명절을 없애자는 것입니다.

지난해 잡코리아가 실시한 설문조사에 의하면 명절 증후군으로 스트레스에 시달린 기혼 여성은 81%였고, 기혼 남성은 74%였습니다. 익히 알려진 것처럼 명절 전후에 이혼 신청이 급증하는 현상도 명절 증후군의 심각성을 말해줍니다. 통계에 따르면 연간 이혼 신청 가운데 20%가 명절 즈음에 몰린다고 합니다. 여기에 다문화 가정이 늘어나면서 다문화 며느리의 명절 증후군은 이제 개인을 넘어 사회적 관심이 필요한 수준입니다. 굳이 말하지 않아도 그 원인은 자명한 일입니다. 명절에 모인 많은 사람들의 가치관 차이, 소통의 문제, 관계에 대한 이해 부족이 주된 원인이라 할 것입니다. 상대방의 입장과 상황을 고려하는 배려와 신중함이 뒷받침된다면 갈등으로 비화되지는 않을 텐데, 누구나 자신의 입장에서 말하고 행동하기 때문이지요.

"내가 싫은 일은 남도 싫은 줄 알아야 하는데."

가정에서만 관계의 갈등이 있는 것은 아닙니다. 직장에서나 사회 공동체 어디든 관계의 갈등이 있습니다. 제가 적지 않은 기간 동안 리더십과 소통에 대한 강의로 전국의 크고 작은 기업체를 다니면서 느낀 점은 어느 조직이나 유사한 고민이 있다는 것입니다. 바로 직급 간의 갈등입니다. 이것은 결국 세대 간의 갈등이라고도 할 수 있는 문제입니다. 그래서 소위 꼰대와 무개념의 갈등이 조직마다 존재하게 됩니다.

조직의 리더들은 구성원들에게서 성에 차지 않는 부분을 보게 됩니다. 그리고 혀를 찹니다. 도대체 개념이 없다고 말이죠. 그런데 구성원들도 리더들을 보면서 역시 속을 끓입니다. 도대체 상사의 꼰대질에 못 살겠다고요. 원래 꼰대라는 말은 나이 든 사람을 빗대어 하던 말인데 요즘 현실은 나이의 문제가 아닙니다. 젊은 꼰대 문제도 심각하기 때문이지요. 결국 나이가 아니라 인식의 문제인 것입니다.

가장 거슬리는 꼰대 같은 언행으로는 "우리 때는 더했어", "해봐서 아는데 시키는 대로 해", "내가 왕년에는…", "요즘 젊은 것들은…" 등을 꼽습니다. 일방적으로 지시하거나 가르치려는 태도도 꼰대의 전형적인 모습입니다. 멀리서 다가오는 후배가 먼저 아는 척하거나 인사를 하지 않는 것에 불편한 마음이 고개를 쳐든다면 그것도 꼰대입니다. 이런 꼰대 못지않게 무개념의 모습도 만만치 않습니다. 가장 대표적인 것은 예의가 없는 것입니다. 요즘 아무리 평등과 자유가 보장되고 존중받는 가치관이라고 해도 조직 안에서의 질서와 관계까지 무시해도 되는 것은 아닙니다.

직급이 위라고 인격도 위인 것은 아니지만, 후배가 선배를 존중하고 자세를 갖추는 것은 기본입니다. 윗사람이 뭐라고 하면 적어도 진지하게 듣는 모습을 보이는 것이 상대에 대한 예의입니다. 내가 뭘 잘못했냐는 식으로 귓등으로도 안 듣는 티를 낸다면 무개념이라고 할 수 있지요. 담당 업무의 역할과 책임이 분명히 구분되는 것이 조직이지만 때로는 너나 없이 함께 거들어야 하는 일도 있기 마련인데, 굳이 자기 일이 아님을 강조하며 외면하는 것도 무개념입니다. 하급자라고 부당한 업무도 일단 맡

아야 한다는 것은 아니지만, 그 일을 왜 내가 하는지를 유난히 따지는 것
은 개인주의가 아니고 이기주의에 가깝기 때문입니다. 일을 마쳤으면 퇴
근하는 것이 당연하지만 상사나 동료에게 인사 한마디 없이 가버린다면
쿨한 게 아니라 무개념에 속합니다.

"싸가지 없는 무개념과 옛날 타령하는 꼰대의 충돌."

우리 사회를 병들게 하면서 품격을 떨어뜨리는 갑질도 관계 면에서는
치명적인 문제입니다. 갑은 을이 있기에 존재하는 것입니다. 이 세상에
혼자 크는 나무는 없는 법이지요. 최재천 교수의 저서명이기도 한 '손잡
지 않고 살아남은 생명은 없다'는 말이 새삼 가슴을 울립니다. 갑으로 살
아가는 사람들도 누군가에게는 을이 될 수 있습니다. 그런데도 당장 을
에게 갑질을 하면서 관계를 망가뜨린다면 한참 모자란 사람입니다.

아직도 우리의 기억에 남아 있는 유명 항공사 오너 일가의 갑질 사건
이 있습니다. 그렇게 다 갖춘 사람들이 상식적으로 이해가 안 되는 행동
으로 국민의 울분을 샀던 일이 생생합니다. 어느 방송사에서는 그 가족
을 네 글자로 표현했습니다. '비행가족.' 맞습니다, 그들은 가문이라 불릴
자격이 없습니다. 그저 집구석에 지나지 않을 뿐입니다.

반면 누군가에게 갑질을 당한 을이 누군가에게 갑질로 되갚는 것도 한
치 앞을 못 보는 사람인 것입니다. 미국 유수의 기업에서는 고위직 임원
을 채용하기 전에 레스토랑에서 같이 식사를 한다고 합니다. 식당 종업

원을 대하는 자연스러운 상황 속에서 그 사람의 진짜 모습을 찾아보기 위함이지요. 누군가를 대하는 모습이 그 사람의 격을 말해줍니다. 그런데 을로서 갑질을 당하는 마음이 얼마나 쓰린 것인지 잘 알면서 편의점 알바를 마치고 식당이나 카페에 가서 종업원에게 곧바로 갑질을 하기도 합니다. 뺨 맞은 분풀이를 이런 식으로 엉뚱하게 풀어버리면 우리 사회가 어떻게 될까요?

사랑해서 결혼하고 가정을 꾸렸으면서 가장 힘들게 하는 것이 다름 아닌 가족입니다. 동백꽃 잎이 빨간 이유를 아시나요? 그리움에 지쳐서, 울다 지쳐서 꽃잎은 빨갛게 멍이 든 것이랍니다. 바로 노래 가사가 그렇게 말하고 있지 않습니까? 이렇게 멍이 들도록 사랑하는 사람과 결혼하여 눈에 넣어도 아프지 않겠다던 자녀를 낳고 키우지만 바로 그들 때문에 힘들어하는 것이지요. 그러려고 결혼을 하고 자녀를 낳은 것이 아닌데 말이죠. 그만큼 사람이 모인 곳에는 갈등이 있기 마련입니다. 가족도 예외는 아니고요.

오히려 요즘은 가까운 사이의 사람에게 폭력과 피해를 당하는 일이 많아졌습니다. 모든 경우가 다 동일하지는 않겠지만, 대개 이런 사건들의 깊은 곳에는 관계의 미숙함과 마음의 상처 등이 원인으로 똬리를 틀고 있습니다. 소득 있는 곳에 과세 있듯이 사람 있는 곳에 관계의 갈등이 있나 봅니다.

외로워서 죽어가는 사람들

정호승 시인의 〈수선화에게〉라는 시가 있습니다.

울지 마라

외로우니까 사람이다

살아간다는 것은 외로움을 견디는 일이다

공연히 오지 않는 전화를 기다리지 마라

눈이 오면 눈길을 걸어가고

비가 오면 빗길을 걸어가라

갈대숲에서 가슴 검은 도요새도 너를 보고 있다

가끔은 하느님도 외로워서 눈물을 흘리신다

새들이 나뭇가지에 앉아 있는 것도 외로움 때문이고

네가 물가에 앉아 있는 것도 외로움 때문이다

산 그림자도 외로워서 하루에 한 번씩 마을로 내려온다

종소리도 외로워서 울려 퍼진다

사람이니까 외로움을 느끼는 것이고, 우리의 삶의 본질에 외로움이 있음을 시인은 노래합니다. 외로움을 느끼는 주체가 산 그림자와 종소리까지 참 다양하게 그려졌습니다. 인생을 산다는 것은 외로움을 견뎌야 하는 일이고, 오죽하면 전지전능한 절대자조차 외롭다고 했을까요? 제가 외로움을 생각할 때면 문득 떠오르는 시라서 소개했습니다. 아무튼 외로움에 지쳐서 죽음에까지 이르는 사람들이 있습니다. 지구상에 무려 70억 인구가 사는데 외로워서 죽기까지 합니다.

Minister for Loneliness, 외로움 담당 장관이 생겼습니다. 영국에서 세계 최초로 '현대 사회의 슬픈 현실'을 다루는 역할로 외로움 담당 장관을 임명한 것입니다. 주요 역할은 외로움 관련 전략을 마련하고 폭넓은 연구 활동과 통계화 작업을 주도하며 관련 사회 단체 등에 자금을 지원하는 것입니다. 이제 외로움도 개인 차원에서 범정부 차원으로 관리의 대상이 변했음을 시사하는 대목입니다. 외로움은 단지 쓸쓸한 감정에 그치지 않고 건강과 사회에 심각한 영향을 끼치고 있습니다. 일례로 외로움은 매일 담배 15개비를 피우는 수준의 해를 건강상 끼친다고 합니다. 영국만 보더라고 75세 이상 인구의 절반이 혼자 살고 있습니다. 이렇게 돌봄과 관계에서 소외된 사람들은 그렇지 않은 사람에 비해 치매에 걸릴 확률이 무려 64%나 높은 것으로 조사되었습니다.

"외로움은 현대 사회의 슬픈 현실."

타고르의 〈동방의 등불〉이란 시에 대해 이견도 있긴 합니다만, 아무튼 당시 조선에 대해 그 유명한 시에서 '마음엔 두려움이 없고 좁다란 담벼락으로 세상이 조각조각 갈라지지 않은 곳'으로 표현한 점에 주목할 필요가 있습니다. 그는 당시 국민소득 100불도 안 되어 세계에서 몇 안 되는 가장 가난했던 우리나라를 당당하고 이웃과의 관계에서도 충분히 연결되어 있다고 노래했습니다. 제가 태어난 1960년대에 우리나라는 어느 가정이나 자녀가 보통 네다섯은 기본이었습니다. 그런데 국민소득 3만 불 시대를 목전에 둔 지금의 현실은 오히려 결혼하지 않고 애도 낳지 않는 심각한 상황에 봉착했습니다.

당시의 복지와 집값, 취업 문제, 교육 수준 그리고 사회적 평등에 대한 인식이 지금보다 월등해서가 아닙니다. 말 그대로 먹고살기에 급급한 그런 사회적 현실 속에서도 그때는 자연스레 공동체 의식이 있었고, 상호 돌봄의 정情이 살아 있었습니다. 굳이 심리학적으로 애착 이론을 들먹이지 않아도 당시 우리 사회는 충분히 애착 관계가 형성된 사회였습니다.

사람 사이의 애착에 문제가 있으면 아무리 먹을 것이 풍부해도 불안, 불신, 두려움이 내재하게 되어 무기력하고 도전하지 않게 되며 인간관계도 힘들어집니다. 오늘날의 현대인들, 특히 젊은 세대에 해당하는 현상이고, 주목해야 할 과제입니다. 혼자서는 외롭다고 하면서도 함께하기는 부담스럽다며 힘들어하는 현대인의 역설적인 삶의 모습입니다.

통계청이 발표한 2017년 한국인 사망 원인 자료에 의하면 암에 의한 사망이 가장 많았습니다. 하지만 40세 미만의 사망 원인 1위는 자살입니다. 10대의 경우엔 교통사고보다 자살 사망이 더 많습니다. 20대 사망의 45%도 자살입니다. 30대에서는 암에 의한 사망이 21%인 데 비해 자살 사망은 무려 37%에 이릅니다. 그리고 점점 더 심각해지고 있는 고독사 문제도 사회적 관심이 필요한 부분입니다. 하지만 고독사에 대한 통계조차 명확하지 않은 데다 대응책도 예방이 아닌 사후 대책에 치중하는 것이 현실입니다. 그럼에도 부인할 수 없는 것은 무연고 사망 등을 통해 추정하듯이 해마다 고독사가 증가하고 있다는 사실입니다.

"고독사는 사회적 타살입니다."

대개 외로움 하면 가족과 떨어져서 지내는 부류의 사람이나 주변에 사람이 없는 상황을 생각하기 쉽습니다. 그러나 대중의 인기 속에서 살아가는 유명 연예인, 심지어 한창 나이의 아이돌 가운데에도 삶이 힘들고 외로워서 죽는 경우가 있습니다. 경제적, 사회적으로 성공한 경우임에도 자살했다고 해서 그런 죽음을 두고 함부로 비난하거나 판단해서는 안 될 것입니다. 어쨌든 사람은 외로우면 죽느니만 못하다고 느낄 수가 있는 것이지요. 과거에는 상상 속에서나 가능했던 일들이 현실이 되어 각종 소통의 도구들이 넘쳐나는 시대임에도 여전히 외로운 것입니다. 그 외로움은 누군가에게는 죽을 만큼 힘든 것입니다. 이것도 오늘을 살아가는 우리의 관계 문제가 아닐까요?

한국인의 평균 수명이 80세를 넘은 것은 익히 알려졌고, 특별한 질병이나 사고를 당하지 않으면 90세까지 산다는 최빈사망연령 통계도 있습니다. 100세 보험 상품도 있을 정도로 장수 국가가 되었습니다. 그런데 장수가 막연히 좋은 일만은 아님을 쉽게 알 수 있습니다. 바로 노년의 4중고 때문입니다. 노년의 삶을 힘들게 하는 4가지 고통! 그것은 질병, 가난, 외로움, 무료함을 말합니다. 여기에도 외로움은 빠지지 않습니다. 누구나 인생을 살면서 외로움은 그만큼 중요한 해결 과제인 것입니다. 아무리 건강과 경제적인 성취를 이루었더라도 외로운 인생은 고통입니다. 결코 행복하지 않은 삶인 것이지요.

인도의 성자로 불리는 간디는 마을 공동체가 사람을 살리고 사회를 살린다고 강조했습니다. 외로움은 가족끼리만의 개인적인 문제가 아님을 인식해야 합니다. 지구촌 전체가 사회적인 관점에서 접근하고 나눠야 할 문제입니다. 그런 사회가 진짜 품격이 있는 사회일 것입니다. 이미 양적인 사회에서 질적인 사회로 변화했고, 앞으로는 품격의 사회로 변화할 것입니다.

인간이 행복하게 살아가려면 경제적 자본과 인적 자본이 필요합니다. 여기에 제3의 자본이라고 하는 사회자본이 새롭게 떠오르는 시대입니다. 사회자본이란 신뢰, 협력, 상호 돌봄 등의 대인 관계 수준을 말합니다. 어느 사회의 구성원들이 상호 신뢰할 수 있다고 여기는 수준이 그 사회의 수준입니다. 불행히도 우리나라는 사회적 신뢰 수준이 매우 낮습니다. 고등학교는 어떤 곳이냐는 설문에 우리나라 학생의 81%가 '전쟁터'라고 답했습니다. 같은 대답이 미국 40%, 일본 14%인 것에 비하면 충격적인 인식입니다. 각자도생이 아닌 더불어 함께 살아가는 그런 세상은 요망한 꿈일까요?

세상 오지라퍼는 어디에나 있다

"공부는 잘하니?" "취직은 언제 하니?" "결혼 상대는 있니?" "애는 언제 낳을 거니?" "집은 몇 평이니?" 아마도 주변에서 어렵지 않게 들을 수 있는 말일 것입니다. 특히 친하다는 이유로 스스럼없이 묻곤 하는 질문들이지요. 그런데 이런 질문은 대개 상대방을 당황하게 하거나 기분을 상하게 하기도 합니다. 물론 "서울대 나온 김태희입니다. 비가 제 남편이고요, 강남에 빌딩 몇 개 마련했어요"라고 퍼펙트한 대답을 준비하고 사는 사람이라면 이런 질문이 고마울 따름이겠지요. 문제는 질문을 하는 사람은 그런 곤란한 기분을 1도 모른다는 것이지요. 그래서 모처럼 만난 사이 혹은 명절 모임에서 갑자기 분위기를 싸하게 만드는 주범이 되는 것입니다. 소위 '갑분싸'가 되는 것이지요. 당연히 제대로 대답이 나오지 않으니 더 이상 대화가 이어지기도 힘듭니다.

원래 웃옷이나 윗도리에 입는 겉옷의 앞자락을 '오지랖'이라고 합니다. 오지랖이 넓으면 그만큼 옷을 감싸는 부분도 넓어지게 됩니다. 이런 연유로 여기저기 참견하면서 관심을 표현하거나 조언을 하는 경우를 오지랖이 넓다고 말하게 되었습니다. 오지랖이 넓은 것이 항상 문제가 되는 것은 아닙니다. 요즘 같은 군중 속의 고독처럼 관계의 문제가 사회적으로 대두되는 시대에는 적절한 오지랖이 필요한 경우도 있을 것입니다. 하지만 대개의 경우 오지랖은 상대방을 불편하고 뜨악 하게 합니다. 아무리 조언이라도 본인의 의사와 관계없는 일방적인 조언은 달갑지 않게 마련입니다. 무엇이든 상호적이지 않고 일방적인 것은 폭력이 될 수도 있음을 아는 것이 성숙한 관계를 위해 도움이 됩니다.

서양과 달리 우리 사회는 사생활과 공적인 영역의 경계가 모호한 경우가 많습니다. 개인주의가 일상화되어 사회적으로도 서로 존중하고 일정한 거리를 유지하는 것이 일반화된 서양에서는 웬만하면 개인의 영역을 침범하지 않습니다. 호의와 관심이라는 목적이나 의도가 무례함의 수단을 정당화하지 않기 때문입니다. 그런데 우리나라는 정서가 조금 다릅니다. 개인주의보다 집단주의 경향이 강합니다.

엄밀히 말하면 집단주의는 일본의 특성에 가깝고, 우리나라는 관계주의라고 하는 게 맞을 것입니다. 집단주의는 나와 집단을 하나로 인식하기에 내가 없어지기도 합니다. 집단을 위해 기꺼이 나를 없애기도 합니다. 일본의 무서움이 여기에 있습니다. 그런 면에서 우리나라는 관계주의로 구분할 필요가 있습니다. 관계주의는 나와 타인의 관계를 중시합니다. 내가 있고 타인도 있으며, 그 연결을 중시하는 것입니다. 내가 누구와 관계가 있다는 것이 매우 중시되는 것이지요. 그래서 유독 체면 문화가 발달했습니다. 남이 어떻게 바라보는가에 목숨을 걸기도 합니다. 누구와 관계가 있는가 하는 것 때문에 결혼, 취업, 진학, 이사 등에서 누군가와 관계를 맺으려고 그렇게도 애를 쓰는 것입니다. 우리는 나 하나로 만족하지 못하고 누구와의 관계로 만족하는 심리가 강합니다. 이렇게 관계주의 성향의 문화적 전통이 여전히 인공지능 시대에도 흘러오고 있으니 오지랖이 넓어지는 사람도 여전한 것입니다.

"경계가 모호한 관계주의 문화에서 오지랖 출발!"

우리나라뿐만 아니라 세계 공통적으로 사회성은 중요한 경쟁력으로 인지되고 있습니다. 사회성의 결여는 그 사람의 핵심 역량이 부족한 것으로 여겨집니다. 따라서 암묵적으로 오지랖이 넓다는 것이 곧 사회성이 좋은 것이라는 통념이 있어왔습니다. 하지만 지금 같은 변화의 시대에 더 이상 그런 통념은 통하지 않습니다. 오지랖은 불편할 뿐입니다. 적절한 경계를 구분하지 못하는 오지랖은 주책인 것입니다. 그 오지랖의 주체가 비록 친인척이라도 환영받지 못할 주책에 지나지 않습니다. 그래서 '오지라퍼'라는 부정적 의미의 신조어도 생겨났습니다. 관계를 해치고 서로에게 상처만 주는, 알아둬도 쓸데없는 오지라퍼.

최근에는 명절에 등장하는 오지라퍼를 위한 메뉴판도 등장했습니다. 이 메뉴판에는 가장 일상적인 오지라퍼의 질문들이 가격으로 표시되어 있습니다. 오지라퍼가 누군가에게 참견을 하거나 질문을 하려면 미리 가격을 확인할 필요가 있습니다. 그리고 그 메뉴판의 질문에는 오지라퍼의 질문에 대한 의미 부여까지 되어 있으니 오지라퍼 스스로 생각을 다시 해야 할 것입니다. 예를 들어 공부는 잘하냐는 질문은 7만 원이고 '당신은 공부 잘했나요'라는 의미로 다시 생각해봐야 한다는 것입니다. 연봉은 얼마냐는 질문은 10만 원에 '돈 있으면 나 좀 주세요'라는 의미로 되돌아올 수 있는 질문임을 생각하라는 것이지요. 다이어트 좀 해야겠다는 오지랖은 20만 원짜리로 '거울이나 보세요'란 말로 되돌아올 질문이란 사실을 깨달았으면 좋겠습니다.

오지랖에는 일반적인 패턴이 존재합니다. 나는 옳고 너는 틀렸다, 그러니 내 말을 따르라. 대개 이런 패턴으로 오지랖이 진행됩니다. 결국 오지라퍼는 주변인을 자기보다 못하다고 판단하고 훈수를 두는 것이라고 할 수 있습니다. 세상을 이분법적으로 재단하는 경향이 강한 것입니다. 자신의 기준이나 생각과 다르거나 그에 못 미치면 잘못된 것이라는 오만함일지도 모릅니다. 앞에서 언급했듯이 우리나라는 타인의 시선에 유난히 민감한 사회입니다. 그래서 이런 오지라퍼의 등장에 필요 이상일 만큼 예민하게 반응하게 되는 것입니다. 오지라퍼의 조언을 듣게 되면 일단 자신이 부족하고 잘못하고 있다는 평가를 당한 것이므로 도움이 되기는커녕 기분이 좋을 수가 없습니다.

명절 포비아! 갈수록 살기가 힘들어서인 이유도 있겠지만 명절이면 어김없이 마주하게 되는 오지라퍼 때문에 명절에 고향으로 가지 않는 사람들이 증가합니다. 알바몬이란 포털에서 조사한 최근 자료만 보더라도 이런 현상을 쉽게 짐작할 수 있습니다. 명절이 되어도 고향에 가지 않겠다는 사람들이 47%에 달했는데, 그중에서 취준생들은 53%가 가지 않겠다고 답했습니다. 기혼자에 비해 미혼자의 두 배가 명절 포비아로 고향을 찾지 않겠다고 응답했습니다. 그리고 명절에 친인척과의 만남이 후회된다고 응답한 사람의 54%가 바로 오지라퍼 때문이라고 속내를 털어놨습니다.

"오지라퍼의 조언은 대부분 관심 없는 잔소리."

삶의 여기저기에서 이분법적 사고는 부작용을 초래합니다. 세상에는 답이 없는 일도 있을 수 있고, 자신과 생각이 다르더라도 틀린 것이 아닐 수 있음을 인정하는 자세가 필요합니다. 모든 사람이 자신과 같은 취향과 패턴으로 삶을 살아야 옳은 것은 아님을 인식하는 것이 중요합니다. 가끔 이렇게 말하는 사람을 만나면 참 답답해집니다. "넌 그 음식을 무슨 맛으로 먹니? 난 도무지 이해가 안 된다" 또는 "이 음식을 맛이 없다고 하면 넌 정말 맛을 모르는 사람이다. 뭘 모르는구나"라며 음식 하나를 먹는 데도 뭘 모르는 사람으로 간주되어 상대방의 눈치를 보거나 신경이 쓰인다면 어떻게 살겠습니까? 세상 맛있는 음식도 누군가의 입맛에는 안 맞기도 하고, 반대로 본인이 싫어하는 음식을 누군가는 세상 맛있다고 할 수도 있는 것이지요. 반드시 이것 아니면 저것이어야 하는 것은 아니지 않을까요?

　오지라퍼 가운데는 순수한 의도로 도움을 주거나 조언을 하는 정도로 지나칠 수 없게 만드는 심각한 케이스도 있습니다. 상대방의 입장을 고려하지 않고 아픈 속마음이나 기억하고 싶지 않은 상처를 후벼 파는 오지라퍼 말입니다. 물론 이 경우에도 본인은 선의로 이야기했다고 할지 모릅니다. 하지만 건드려서는 안 되는 주제를 입에 담는 것 자체가 이미 상처에 소금을 뿌린 것입니다. "다 너를 위해서 그랬다." 어디서 많이 들어본 말 아닌가요? 아무리 가까운 사이라도, 그리고 악의 없는 조언과 도움이라도 상대방의 역린은 건드리면 안 됩니다. 그 대상이 자녀가 되었든 직장 후배가 되었든 마찬가지입니다. 귀엽게 봐줄 수 있는 예외적인 경우를 제외한다면 서로의 관계를 위해서 이제 오지랖을 조금은 좁혀야 하겠습니다.

변해도 너무 변해버린
관계의 세상

벌써 오래된 일이지만 어린 시절에 즐겨 봤던〈우주소년 아톰〉이라는 만화영화가 있었습니다. 그 아톰이 가정용 인공지능 로봇으로 개발되어 일본 가정에 보급이 되었습니다. 200만 원이 넘는 가격이지만 이제 일본의 가정에서는 추억의 만화 주인공 아톰과 대화를 나누고 게임도 같이 하면서 생활하게 되었습니다. 4차 산업혁명의 시대를 살아가면서 결코 지나칠 수 없는 것이 바로 인공지능과 로봇입니다. 이제 상상이나 영화 속에서가 아니라 현실 세계에서, 아니 우리 집 안에서 어른 아이 구분 없이 일상적으로 인공지능 로봇을 경험하게 된 세상입니다.

우리나라 가정에서도 인공지능 스피커의 보급으로 많은 계층에서 획기적인 기술의 혜택을 누리게 되었습니다. "잔잔한 요가 음악 틀어줘", "오늘 저녁 메뉴 추천 좀 해줘", "철수에게 문자 메시지 보내줘" 등의 명령만 말하면 음성을 인식해서 그대로 실행해주는 인공지능 스피커. 그리고 음식 배달을 시킬 때 직접 전화하지 않고도 음성으로 실행하는 것은 기본이고, 비용 결제까지도 가능한 세상입니다. 또한 점점 인간의 감정에까지 접근하여 상호 교류 가능한 인공지능 기술도 나왔습니다. 예를 들어 우울하다고 말하면 적절한 응대가 가능한 인공지능이 옆에서 감정적 반응을 보여주는 것입니다. 사람이 없어도 외롭거나 불편함이 없는 세상이 온 것이지요.

과거에는 인간을 편리하게 돕도록 설계하고 힘든 일을 거드는 목적으로 인공지능 기술에 접근했다면 이제는 인간과 교류하고 교감하는 수준과 목적에 초점이 맞춰지고 있습니다. 그래서 초기에는 인간의 일자리가 인공지능에게 위협을 받게 되었다고 걱정을 했는데, 이제는 인공지능이 아예 인간이 되는 것은 아닌지 염려하는 단계가 된 것입니다. 하지만 정작 우리가 염려해야 하는 것은 기계가 인간이 되는 것이 아니라 인간이 기계화되는 것이 아닐지요?

뭐든지 생각하고 고민하지 않아도 되는 세상입니다. 애쓰고 힘들이지 않아도 인공지능이 척척 해결해주는 세상입니다. 통역 서비스 앱을 깔면 외국 여행을 가서도 적절하게 활용할 수 있습니다. 그래서 굳이 외국어 공부를 해야 하느냐고 의문을 제기하기도 합니다. 하지만 이 부분에서 조금 주의 깊게 생각할 필요가 있습니다. 외국어 능력은 단지 누군가와 대화만을 하기 위함이 아닙니다. 일상적인 대화를 위해서 통역 앱을 활용하는 것은 문제가 안 되지만, 그렇다고 외국어 능력이 전혀 필요 없다는 것은 다른 차원의 이야기입니다. 간단한 사례만 보면, 외국어 능력을 통해 시공간의 구애를 받지 않고 전 세계의 지식을 익히고 사유하며 다시 새로운 지식을 생산하여 제공하는 것은 통역 앱이나 기타 보조 수단으로 하기엔 무리입니다. 해당 언어 능력을 익힌 인간의 역량을 따라 갈 수 없기 때문입니다. 기술의 발달은 수단이지 본질은 아닌 것입니다.

"기계가 인간처럼 되는 것이 아니라 인간이 기계처럼 됨을 염려해야!"

우스갯소리로 남자는 두 여자의 말만 잘 들으면 문제가 없다고 했습니다. 바로 아내 말과 내비게이션 말입니다. 우리의 일상에서 이제 인공지능과 기술의 발달은 전혀 새삼스러울 일이 아닙니다. 오히려 없으면 이상하고 불편한, 중요한 부분이 되었습니다. 과거에 기업체에서 보내준 약도나 지도 책을 보면서 강의를 위해 산골 깊은 곳에 있는 연수원을 용케도 찾아 다녔던 기억은 이미 무용담으로 변했습니다. 그리고 지금은 결코 해낼 수 없을 것 같은 일이 되어버렸습니다. 불빛 한 점 없는 첩첩산중에서 다음 날 아침 강의를 위해 연수원을 찾다가 길을 헤매면서도 결국엔 도착해서 무사히 강의를 했었습니다. 전국 어디든 단 한 번도 연수원을 못 찾아간 일은 없었습니다. 그러나 이제는 아닙니다. 내비게이션의 낭랑한 음성이 없다면 못할 것 같습니다. 세상이 이렇게 변했습니다.

인간의 곁에 다가온 것은 인공지능뿐만이 아닙니다. 언제부터인가 집집마다 반려동물이 주인과 나란히 자리 잡게 되었습니다. 개를 어떻게 집 안에 들여놓느냐고 난리 치던 세상이 아닙니다. 애완동물이란 단어가 사라지고 당당히 반려동물로 터를 잡았습니다. 동물병원은 더 이상 치료 만 하는 곳이 아닙니다. 반려동물과 관련된 각종 미용과 사료 그리고 훈련 등이 집결된 종합 비즈니스가 되었습니다. 한국농촌경제연구소에 따르면 반려동물을 키우는 우리나라 인구가 1,500만 명이 된다고 합니다. 소위 펫팸족Pet+Family이 이렇게 많이 생겨난 세상입니다. 그래서 대학에는 반려동물 관련 학과가 늘어나고, 신종 직업도 여럿 생겨났습니다.

펫 영양사, 반려동물 행동 교정사, 반려동물 장례 지도사, 펫시터, 펫토 그래퍼 등의 신종 직업들이 줄줄이 생겨났습니다. 반려동물들의 체질과 영양학적 분석을 통한 최적의 사료 배합을 비롯하여 가장 사랑스러운 일상의 순간을 사진으로 남기고 죽음의 문제까지 주인과 상의하여 대응하는 등의 전문성과 서비스로 무장한 직업들입니다. 직업에 따라서는 자격증과 공식적인 인증이 필요한 경우도 있습니다. 따라서 반려동물 시장 규모도 급격하게 커지고 있습니다. 여러 자료들이 조금씩 차이를 보이고는 있지만 통계청의 자료에 의하면 2020년에는 무려 6조 원대까지 성장할 것으로 예측하고 있습니다. 반려동물과 함께 떠나는 여행 프로그램을 비롯하여 반려동물 종류에 따라 태우기에 적합한 차량에 이르기까지 그 영역은 너무나도 다양합니다.

그렇다고 이런 변화의 모습이 부정적이거나 옛날이 좋았다는 이야기가 아닙니다. 모든 가정에 자동차가 있을 것이라는 생각도 당시에는 획기적인 발상이었고, 모든 사람의 책상에 컴퓨터가 놓일 것이라는 생각도 당시에는 꿈과 같은 이야기였습니다. 이제 그 모든 생각은 현실이 되었습니다. 그런데 이런 기계와 기술의 발달이 인간의 관계를 방해하는 장애물이 되어서는 안 되지 않겠습니까? 인간을 편리하게 돕고, 인간관계가 더욱 좋아지도록 지원하는 것이어야 할 텐데 현실은 매우 우려가 됩니다. 이전 시대에 비해서 오히려 관계의 질이 후퇴하는 일도 발생합니다. 기술의 발달이 관계의 발달로 이어지지 않는 현상이 생긴 것입니다. 온라인으로 소통하는 것이 대면하고 소통하는 것보다 편한 사람들이 등장했습니다. 그래서 막상 대면 접촉을 하면 소통이 안 되고 관계가 힘들게 되었습니다. 토론하고 설명하기보다 문자나 이메일로 전달하길 원하는 사람들이 많아진 것입니다.

"대면 접촉보다 온라인 접촉이 편한 세상에서의 관계 문제!"

삶에 있어서 대인 관계는 피할 수 없는 부분입니다. 그런데 요즘 젊은 세대의 상당수가 대인 관계를 불편해합니다. 온라인 관계에 비해 대면 관계를 힘들어하는 사람이 많습니다. 그래서 자의 반 타의 반으로 대면 관계를 피하기도 합니다. 역사 이래 사람과 기계는 가장 똑똑해졌는데 정작 직접적인 대인 관계는 서툰 세상입니다. 장례식에서 대신 슬픔을 표현하고 곡을 하는 로봇도 등장했습니다. 사람이 아닌 로봇이나 동물과 교감하는 쪽을 선택하는 사람도 늘고 있습니다. 자폐증이나 아스퍼거증후군이 아님에도 타인과 소통이나 관계 맺기에 어려움을 겪고 있는 사람들이 생각보다 많은 것은 분명 건강한 사회가 아닙니다. 관계 면에서 건강하지 않으면 행복하기 어렵습니다. 관계를 만드는 신뢰와 소통은 인간 사회를 건강하게 만드는 중요한 인프라입니다.

우리가 사용하는 휴대전화에는 평균 80여 개의 앱이 깔려 있다고 합니다. 평균이 이 정도이니 사람에 따라서는 훨씬 더 많은 앱을 사용하기도 할 것입니다. 젊은 세대일수록 그 종류가 많은 것이 일반적입니다. 그 정도로 각종 첨단 기기를 자유롭게 활용하는 우리의 다음 세대들이 직접적인 대인 관계가 서툴고 소통에 힘들어한다면 결코 좋은 현상이 아닙니다.

각계의 전문가들이 선정한 미래 인재의 역량 가운데 빠지지 않는 것이 소통과 팀워크입니다. 각종 줄임말과 신조어로 온라인상에서만 가볍게 소통하고 얄팍한 관계를 맺는 이 세태가 반드시 앞선 세상을 살아간다고 말하기엔 무리가 있는 이유입니다. 심리학자 아들러는 타인에게 관심이 없고, 대인 관계에 서툰 사람이 성공하기는 어렵다고 했습니다. 그런 사람은 인생을 사는 데 굉장히 어려움을 겪고, 나아가서 남에게 피해를 주게 된다고도 말했습니다. 타인에 대한 애정과 관심을 기반한 인간관계는 이처럼 중요한 것입니다.

바보야, 문제는 관계야

우리

바람 부는 들판 그 어디쯤인가에서

한 송이 들꽃으로 만나자

구름이 흘러가는 곳

아득히 먼 그곳에서

봄날의 아지랑이처럼 아련히

손짓하며 다가서는

물빛 그리움으로 만나자

삶의 굽이굽이마다

시린 가슴 싸안고

지친 영혼 살포시 보듬어

하늘의 별빛으로

불 밝혀주는 그대

우리

후미진 계곡에서

쓸쓸히 피어나

맑은 시냇물에 얼굴을 씻고

구름이 손짓하면

말없이 미소 짓는

한 송이 들꽃으로 만나자

들꽃처럼 그렇게 쓰러져 가자

이정하 시인의 〈들꽃〉이란 시입니다. 시인이 노래한 것처럼 물빛 그리움으로, 한 송이 들꽃으로 만날 사람이 있는지요? 저 유명한 링컨은 말했습니다.

"한 통의 쓸개즙보다 한 방울의 꿀이 더 많은 파리를 잡을 수 있다는 것은 만고의 진리다. 인간관계에 있어서 누군가를 진정한 자기 편으로 만들고 싶으면 우선 그 사람에게 당신이 진정한 그의 친구임을 확인시켜 주도록 하라. 이것이야말로 사람의 마음을 사로잡는 한 방울의 꿀이다."

인간관계에서 탁월한 면모를 보여준 링컨이 제시하는 교훈입니다. 인간에게 관계는 숙명이고 보물입니다. 어떻게 인간관계를 만들고 유지하느냐에 개인의 삶이 달라지고, 사회가 달라집니다.

정희성 시인은 어느 가을날에 코스모스를 보고 가슴이 철렁했답니다.

흔들리는 코스모스의 그림자가 길어진 것을 보고는 자신에게 남은 날이 얼마 남지 않음을 생각했기 때문입니다. 아무리 100세 시대라도 인간의 삶은 유한합니다. 그렇기에 우리의 삶을 후회 없이 살기 위한 노력이 필요합니다. 그런 소중한 삶의 한 자락에 사람이 자리하고 있습니다. 삶이란 글자에는 사람이 숨어 있습니다. 그래서 삶에서 관계는 운명이고, 숙명인 것입니다. 더 나아가 그런 관계를 통해서 삶이 보석처럼 빛날 수도 있습니다. 관계가 세상을 보석처럼 비출 수 있기도 합니다.

"삶이란 글자에는 사람이 자리 잡고 있습니다."

취업 포털 사람인의 조사에 따르면 신입사원의 1년 이내 퇴사율이 49%에 이른다고 합니다. 잡코리아의 자료에서는 신입사원의 평균 퇴사율이 30%로 나왔습니다. 상공회의소가 맥킨지에 의뢰해 조사한 자료에 의하면 우리나라 직장인의 4분의 1은 직장을 떠날 준비를 한다고 합니다. 한국경총한국경영자총협회의 자료를 보면 신입사원이 업무에 투입되어 성과를 낼 수 있는 기간은 20개월이 필요하고, 국내 기업이 신입사원 교육에 투자하는 비용은 대기업 평균 1억 원 정도입니다. 직장인 가운데 특히 밀레니얼 세대는 기성 세대와 달리 자신의 비전과 적성에 맞지 않으면 참지 않고 퇴사하는 경향이 강합니다. 어려서부터 이미 수평적인 관계에 익숙하게 성장하고, 세상이 다양하고 넓다는 것을 경험으로 충분히 인지한 세대입니다. 비록 가정과 학교에서 치열한 경쟁 가운데 살았지만 나름 존중받으며 귀하게 자란 세대입니다. 그렇기에 참지 않습니다. 부당한 것은 부당하다고 말합니다. 아니면 행동으로 옮겨버립니다. 눈치를 보거나 시간을 질질 끌지 않는 타입입니다.

한국 직장인들의 퇴사 이유는 무엇일까요? 대표적인 것이 시스템과 문화입니다. 복지나 연봉 문제도 빼놓을 수는 없지만, 역시 조직 문화가 가장 큰 문제입니다. 합리적이거나 공정하지 못하다고 느껴지는 시스템과 답답한 조직 문화를 견디지 못합니다. 의미, 재미, 성장이라는 밀레니얼 세대의 가치관을 반영하고 그들의 눈높이에 맞는 조직 문화를 갖춘 기업이 드물기 때문입니다. 기성세대의 리더십과 실무자 사이에 원만한 관계 맺음과 팀워크를 발휘하기는 생각보다 쉽지 않은 현실입니다. 상호 소통의 경험과 방식도 간극이 매우 큽니다. 그래서 서로를 무개념과 꼰대로 판단하고 갈등과 대립 속에 결국은 헤어지게 되는 것입니다.

개인 간의 만남과 관계도 별반 다르지 않습니다. 이혼에 관한 자료만 보더라도 많은 부분이 닮았음을 알 수 있습니다. 굳이 통계 자료를 언급하지 않더라도 우리나라의 이혼율이 꽤나 높은 것은 모두 아는 사실입니다. 우리 주변을 돌아봐도 이혼 경험이 있는 사람을 어렵지 않게 만날 수 있습니다. 물론 사회적 인식과 정서의 변화로 이혼 자체가 인생에서 흠이 되거나 부끄러워할 일은 전혀 아닙니다. 예전에는 상상도 못했지만 요즘은 연예인의 이혼이 예능 소재가 되기도 하는 세상입니다. 어쨌든 결혼 생활이 원만하지 못해서 가정이 해체되고 고통받는 사람이 늘고 있는 것은 사실입니다.

"가정과 조직에서 헤어지는 현상의 원인은 관계 때문!"

이혼 연령도 지속적으로 고령화되고 있습니다. 소위 황혼 이혼이 신혼 이혼보다 많아진 것입니다. 과거에는 결혼 5년 이하의 신혼에 불화를 겪어서 더 늦기 전에 이혼하자는 주의가 많았지만, 최근 우리나라의 이혼 연령을 보면 남자가 47세, 여자가 44세 정도로 나와 있습니다. 이제는 '어느 정도 나이도 있고, 살아온 세월도 있으니 대충 참고 살자'가 아닙니다. 이혼 사유를 보면 경제적인 문제가 40% 가까이 차지합니다. 그런데 나머지 60% 정도는 결국 이런저런 관계의 문제입니다. 성격 차이와 배우자의 외도 문제 등 관계가 깨져서 헤어지는 것입니다. 요즘 세태를 반영하는 새로운 이혼 사유 가운데 장모와 사위의 갈등도 증가하는 추세입니다. 전통적인 고부 갈등에 이어서 장서 갈등까지 가세하니 결국 관계가 사람 잡는 세상입니다. 그리고 이것은 우리나라만의 문제가 아니고 세계적인 가정 내 갈등의 추세이기도 합니다.

미래 사회는 누가 뭐래도 초연결 융합의 시대입니다. 기업의 경쟁력도 협업 역량에 달려 있습니다. 이제는 팀워크를 넘어서서 협업으로 확대해야 합니다. 필요하다면 이업종의 교류는 물론이고, 경쟁사와도 협업을 해야 합니다. 그런데 팀워크도 어려운 판국에 협업이 원만하게 되겠습니까? 산업 현장에서 기초적인 3정 5S 운동이나 100PPM도 못하는 기업에게 식스 시그마를 실행하라고 요구하는 꼴이지요. 하지만 이제는 협업이 살 길입니다. 혼자서 하는 것은 한계가 있습니다. 혼자서 먹겠다던

짬짜면은 요즘 자취를 찾기 어렵습니다. 그러나 누군가와 함께 먹으려는 반반 치킨은 여전히 대세입니다. 이제는 같이 해야 합니다.

UC 버클리 대학의 한센 교수가 언급한 협업의 장벽 가운데 '독점 장벽'이 있습니다. 말 그대로 타 부서와 정보를 공유하려고 하지 않고 오로지 자기만 독점하려는 현상입니다. 지나친 경쟁 구조의 기업에서 인센티브 제도의 모순 등으로 주로 나타나는 현상입니다. 친하지 않은 사람과는 교류하지 않고 정보도 안 주는 현상은 '이전 장벽'이라고 합니다. 결국 협업의 장벽도 관계가 주요 원인이자 해결책이 되는 것입니다. 가정이나 조직에서도 역시 문제의 원인과 해결책을 관계에서 찾을 수 있는 일들이 많네요.

"바보야, 그래서 문제는 관계라니까!"

인간의 궁극적인 삶의 이정표를 살펴보면 행복을 향하고 있는 경우가 많습니다. 행복이란 것을 우리가 인생에서 성취해야 하는 또 하나의 목표로 생각하면 행복하지 않습니다. 그보다는 많은 삶의 이벤트 가운데 순간순간 느끼며 지나가는 향기 좋은 기억의 과정으로 여기면 오히려 행복할 것입니다. 그런 행복을 위해서는 관계가 어떤 역할을 해야 할까요? 삶의 한가운데를 가로지르는 관계의 문제를 행복하게 만들려면 어떻게 해야 할까요? 세상은 늘 변합니다. 변하는 세상에서 변하지 말았으면 하는 것에 주목한다는 것은 의미가 있는 일입니다. 변화를 거슬러 충돌하는 것이 아니라 변화 속에서도 친절함과 따뜻함을 품고 사람을 연결하는 너그러움을 만들면 좋겠습니다. 수천 년을 한결같이 그 자리에서 푸르름을 지키고 숲을 만들어 버텨온 저 자연처럼 말입니다. 그래서 우리가 지금도 변함없이 숨 쉴 수 있는 것 아닐까요?

PART 2

관계를 통한 행복 만들기

5차 산업혁명이 온대도 사람이 먼저다

"귀하가 구하려는 나라에는 누가 사는 거요? 백정은 살 수 있소? 노비는 살 수 있소?"

아직도 여러 장면이 눈에 선한 어느 드라마의 대사 중 한 부분입니다. 1900년대 초기 구한말의 조선을 배경으로 하는 어느 드라마에서 노비 출신으로 부모의 죽음을 눈앞에서 맞이하고, 미국으로 건너가서 극적으로 살아남아 미국인 장교가 되어 귀국한 유진 초이의 대사입니다. 양반의 나라 조선에서 버림받고서도 무너져가는 조선을 위해 나름의 위치에서 목숨 걸고 일어난 의병들의 눈물겨운 투쟁이 눈물샘을 제대로 저격한 드라마였지요. 그저 '아무개'로밖에 불리지 못한 그들의 눈물과 희생이 오늘의 우리를 만들었나 봅니다.

과거 우리는 꽤 오랜 세월 동안 신분제 사회에서 살았습니다. 백정과 노비, 그리고 아무개로 살았던 무수한 사람들이 있었습니다. 그리고 이제는 민주공화국에서 평등하게 살고 있습니다. 하지만 보이는 제도와 시스템 이면에는 여전히 사람 사이의 보이지 않는 차등과 차별이 존재합니다. 특별히 자본주의 사회로 부의 확대가 이루어지면서 이제는 경제적 능력과 사회적 지위를 놓고 차별을 합니다. 사람보다 돈이 우선이고, 사람보다 지위가 우선인 세상이 되어버렸습니다. 어느 동네에서 얼마나 넓은 평수의 집에 사느냐로 차별을 합니다. 직업이 무엇이냐에 따라 대우가 달라집니다. 여전히 현대판 신분제도나 다름없는 일들이 버젓이 벌어지고 있습니다.

어느 날 숲에 들어서서 보았다
가난한 영혼들이 서식하는 모습을
큰 나무는 작은 나무를 깔보지 않고
작은 나무는 더 작은 나무에 군림하지 않았으며
외로운 마음은 마음들끼리
울타리를 치지 않고 살아가는 마을을
(중략)
자작나무는 자작나무끼리
대나무는 대나무끼리 모이게만 하였는가
어느 날 숲에 들어서서 보았다
우릴 부끄럽게 하는 어깨를
숨 쉬는 푸른 평화를

김영남 시인의 〈숲〉이란 시의 일부입니다. 숲은 차별하지 않는 모습을 보여줍니다. 한데 어울려 숨 쉬고 있음을 보여줍니다. 4차 산업혁명의 시대를 이야기하지만 1차 산업혁명 시대 이전부터 지금까지 이어져 내려오는 숲의 생명력은 어울림에 있습니다. 공동체의 어울림 말입니다.

처음으로 공장이란 것이 등장해서 가내수공업이 제조업으로 변화한 1차 산업혁명. 이어서 대량생산 시스템으로 발전해서 컨베이어 벨트가 전기의 힘으로 돌아갔던 2차 산업혁명. 그리고 컴퓨터와 인터넷의 등장으로 또 한 번 세상을 놀라게 만들었던 3차 산업혁명을 뒤로하고 이제 4차 산업혁명의 물결이 쓰나미가 되어 세상을 뒤흔들고 있습니다. 4차 산업혁명의 중심에는 인공지능과 로봇이 자리하고 있습니다. 그래서 자칫 사람이 가려질 수 있습니다.

만약 사람이 사라진 4차 산업혁명이라면 그것은 과연 누구를 위한 것일까요? 무인 자동차가 활개를 치고, 휴머노이드 로봇이 제아무리 애교를 부린다 해도 정작 사람이 가려진다면 무슨 의미가 있을까요? 저는 세상이 디지털로 온통 뒤덮이더라도 아날로그가 완전히 삭제되어선 안 된다고 생각하는 1인입니다. 5차, 6차 산업혁명의 시대가 오더라도 사람이 먼저입니다. 사람이 존재하는 한 관계는 중요합니다.

대한상공회의소가 발표한 우리나라 100대 기업 인재상의 변화가 흥미롭습니다. 2008년의 인재상 1위는 창의성이었는데, 10년이 지난 2018년의 1위는 소통과 협력으로 선정했습니다. 대기업과 기업 환경이나 체질이 다른 중소기업은 더더욱 화합과 팀워크가 중요합니다. 중소기업은 대

기업처럼 업무 구분이 명확한 상황이 아니기에 오히려 네 일, 내 일의 구분을 지나치게 따지면 곤란합니다. 따라서 개인의 능력도 중요하게 보지만 대체로 더 우선시하는 점은 화합하고 어우러질 수 있는 인재인가 하는 것입니다.

100대 기업 인재상 변화

순위	2008년	2013년	2018년
1	창의성 ➡	도전정신 ➡	소통·협력
2	전문성 ➡	주인의식 ➡	전문성
3	도전정신 ➡	전문성 ➡	원칙·신뢰
4	원칙·신뢰 ➡	창의성 ➡	도전정신
5	소통·협력 ➡	원칙·신뢰 ➡	주인의식

자료:대한상공회의소

명실공히 우리나라 최상위권을 자랑하는 연세대 의대에서는 학점제가 폐지되었습니다. 그리고 작년에 학점제 폐지 이후 첫 졸업생을 배출했습니다. 연세대 의대 송시영 학장은 처음에 학점제 폐지 제도를 도입할 때 내부 교수들의 반발이 심각했음을 토로합니다. 자칫 하향 평준화가 되어 의대 역사에 오점을 남길 것이라는 선배 교수들의 반대에 애를 먹었다고 합니다. 다소 의아한 이야기입니다만, 연세대 의대는 A학점이니 F학점이니 하는 평가 제도를 없앴습니다. 그리고 오로지 통과*Pass*냐 통과 못함*Non Pass*이냐로만 평가합니다. 물론 최상위 성적을 보인 학생의 동기부여를 위해서 아너*Honor* 평가를 두기는 했습니다. 그 어느 의대에서도 시행하지 않았던 절대 평가제도에 대한 우려와 불신이 얼마나 심했을지는 자명한 일입니다.

왜 연세대는 이런 모험적인 도전을 감행했을까요? 의대에 진학해서 의사가 되기까지 십 수년을 매일 시험 준비에 시달리며 내가 몇 점일까만을 신경 쓰면서 무슨 창의와 소통의 의사가 될 수 있겠는가 하는 근본적인 의문을 가진 결과입니다. 기존의 경쟁 시스템 아래에서 친구 이전에 죽기 살기의 경쟁자인 동료와 향후 의사로서 어떤 인간관계가 가능할까 하는 질문을 던진 것입니다. 우리나라 최고의 두뇌와 실력을 가진 청년들이 30대 중반에 이르기까지 오로지 경쟁 일변도로 살아가게 만들면서 어떻게 인간다운 의사를 만들겠느냐는 것입니다.

이미 인공지능이 의료계에도 도입되고 있는 세상입니다. 그렇다면 앞으로는 의사의 역할도 변해야 할 것입니다. 전공을 넘어서 동료 의사들과의 협진과 소통이 더욱 중요해집니다. 의사이기 이전에 인간으로서의 인성과 감성이 필요해지는 것입니다. 그래서 성적과 경쟁의 압박을 풀어주고자 과감히 시행했는데, 국가고시 합격률이 무려 98.6%로 전국 평균을 상회하는 놀라운 결과를 보였습니다. 상대 평가를 없애니 함께 공부하며 서로 공부를 돕는 일이 생겼고, 부전공이나 동아리 활동으로 시야를 넓히게 되었습니다. 문자 그대로 융합 인재의 길을 걷게 된 것입니다.

이제 미래 사회는 기술로 실력을 만드는 것이 아니라 관계를 통해 만드는 것입니다. '덕불고 필유린德不孤 必有隣'이라고 했습니다. 사람에게 덕이 있으면 반드시 주변에 사람이 모입니다. 이제 어떤 분야의 전문가라도 실력 이전에 이런 조건을 먼저 갖춰야 합니다. 그래서 사람이 먼저입니다.

진짜 행복의 조건을 아시나요?

"행복이 무엇인지 알 수는 없잖아요. 당신 없는 행복이란 있을 수 없잖아요."

조경수가 노래한 〈행복〉이란 노래의 가사입니다. 너무 올드한가요? 그래도 저는 이 노랫말처럼 행복은 관계라고 생각합니다. 관계란 상대가 있어야 가능합니다. 나와 관계된 누군가와의 사이에서 행복은 피어납니다. 나 혼자만 존재해서는 행복할 수 없는 일이지요. 돈이 전부처럼 여겨지는 이 시대에도 행복은 돈으로 살 수 없음을 모두가 알고 있습니다. 그래서 행복학의 창시자로 불리는 유명한 심리학자인 마틴 셀리그먼은 행복의 3가지 조건으로 좋은 인성, 좋은 관계, 그리고 타인과 공동체에 대한 공헌을 꼽은 것이 아닐까 생각합니다. 못된 성격을 갖고서 행복하게 살 수는 없는 것이고, 아무리 다 갖추었다 해도 함께할 사람이 아무도 없다면 외로워서 행복할 수 없는 노릇이지요. 그리고 타인을 위한 공헌과 도움 없이는 진정한 행복을 맛보기 어렵습니다. 뒤에서 자세히 다루겠지만 이런 나눔과 돌봄의 행복은 동물에게도 심겨진 성향인데 하물며 인간은 어떻겠습니까?

아시다시피 자본주의 경제학의 창시자인 아담 스미스가 '보이지 않는 손'을 주창했습니다. 그런데 우리가 아는 《국부론》이란 책 이전에 그는 이미 《도덕 감정론》을 집필했습니다. 철저한 자본주의 이론으로 인간에 대한 감성적인 접근과는 거리가 있을 것으로 생각되는 아담 스미스는 자유, 평등, 박애의 가치관을 가졌던 사람입니다. 타인에 대한 공감을 바탕으로 한 행동이 자신에게 부의 확대로 돌아와서 사회 전체 소득이 증가하여 일반 대중이 모두 행복해지는 세상이 되기를 바란 것이 아담 스미스의 보이지 않는 손의 개념입니다. 남의 것을 빼앗는 제로섬*zero sum* 게임의 원리에 의한 이기적인 행동이 아니라 이기적인 동기를 통해 타인을 돕거나 공감함으로 사회적인 부를 증가시키는 것이 그가 말한 자본주의의 핵심인 것입니다. 자신의 부를 위해 인간은 이기적이 되어야 한다고 말한 것이 아닙니다. 인간이 가진 이기심이라는 본성을 타인에 대한 공감과 돌봄을 통해 선한 메커니즘으로 작동하게 하는 보이지 않는 손이 자본주의의 핵심으로 부르주아뿐만 아니라 일반 백성들 모두가 행복해지길 바라는 생각으로 《국부론》을 집필한 것입니다.

자본주의라고 하면 으레 돈이 최고인 사상을 떠올리기 쉽고, 돈이 없으면 사람답게 살 수 없는 비참한 세상을 생각하는 것은 그 출발점에서 오해가 있는 것입니다. 어찌 되었든 행복의 기준은 돈의 유무가 아니라 사람이 먼저입니다. 언젠가 한창 유행했던 인사말이 "부자 되세요"였습니다. 그리고 얼마 후엔 웰빙이 유행했습니다. 그러나 이제는 아닙니다. 돈이 아무리 많고, 잘 먹고 잘 산다 해도 행복하지 않을 수 있습니다. 마음이 편하지 않은데 어떻게 행복하다고 말하겠습니까? 그래서 힐링이나 웰다잉을 말하게 된 것입니다. 당장 가시적인 조건의 충족이 행복을 보장하지는 못하는 것입니다. 너무나 유명한 하버드 대학교 성인발달연구에 의하면 인간의 행복은 50세 전후까지 형성된 고난에 대처하는 자세에 가장 크게 영향을 받습니다. 즉, 이타주의, 억제, 승화, 유머 등의 소위 성숙한 방어기제를 갖추었는가, 거기에 어떤 인간관계를 형성했는가가 뒤이어서 나옵니다. 이것이 행복을 만드는 조건 가운데 으뜸이란 것입니다.

무엇인가 일이 틀어지더라도 사람마다 반응이 다릅니다. 어떤 사람은 주로 누구 탓을 합니다. 이것이 가장 나쁜 '투사'라는 방어기제입니다. 또 어떤 사람은 그 자리에서 화를 내거나 소리를 지르는 등 즉각 반응을 보입니다. 이것도 '행동화'라는 안 좋은 방어기제입니다. 또는 기분이 나쁜데도 억지로 아닌 척하는 사람도 있습니다. 스스로를 속이는 '억압'이란 방어기제입니다. 성숙한 사람이라면 화가 난 사실은 인정하면서 누구 탓을 하거나 언성을 높이지 않고 현명하게 감정을 추스르는 '억제'의 방어기제를 사용합니다. 방어기제는 무의식에 자리하고 있기 때문에 본인도 인식하지 못할 때가 있습니다. 나이를 먹는다고 저절로 성숙해지는 것도 아닙니다. 따라서 자신의 방어기제를 점검하는 노력과 과정을 통해 대인 관계에서 성숙한 방어기제를 사용하도록 훈련하는 것이 필요합니다. 이것이 나와 타인의 행복을 결정하는 데 결정적인 요인이 되기 때문입니다.

기본적인 생계가 위협을 받는 수준이라면 돈이 행복을 만들어줍니다. 하지만 그 이상의 생활 수준이라면 더 이상 돈이 행복을 더해주지 못합니다. 소득이 많아질수록 행복지수가 올라가기는 하지만, 비슷한 경제력을 가진 나라에 비해 우리나라 사람들의 행복지수가 매우 낮은 것은 시사하는 바가 큽니다. 경제력이 행복을 구성하는 일정 부분이기는 하지만, 다른 요인이 더 중요하게 작용함이 여러 조사를 통해 나타나고 있습니다. 유엔이 발간한 〈2018 세계 행복 보고서〉를 보면 사회적 관계 만족지수가 우리나라는 95위로 매우 낮습니다. 또 삶에서 선택의 자유를 나타내는 자율성은 139위로 거의 최하위 수준입니다.

행복지수 자체만 놓고 본다면 행복지수가 높은 나라들이 7.5점 수준인 데 비해 우리나라는 5.9점 정도입니다. 참고로 행복 순위가 낮은 나라들의 경우는 3.5점 정도입니다. 그러니까 생각보다 점수 자체가 월등히 낮은 편은 아님에도 우리 국민들이 느끼는 행복감은 의외로 낮은 것입니다. 그것은 바로 한국 사회에서 관계의 문제와 삶의 자율성에 대한 불만이 행복을 크게 좌우한다는 것을 보여주는 것입니다. 국민소득 3만 불을 눈앞에 둔 세계 10위 권역의 경제 규모를 가진 우리나라가 기본 생계 문제는 해결했다 하더라도 열악한 근로 환경과 치열한 생존 경쟁의 반대급부로 국민들은 정신적인 번 아웃*burn out*과 사회적 관계의 약화에 시달리는 것입니다. 서로 믿고 의지하며 나누기보다 내 입에 하나라도 더 넣어야 이기는 것이라는 적폐를 떨쳐내지 못한 것입니다. 그래서 갖춰진 조건에 비해 충분히 행복을 느끼지 못하는 안타까운 현실에 놓인 것입니다.

행복의 조건

행복한 사람은 돈을 선택하기보다는 경험을 선택합니다. 그래서 추억을 쌓으려고 노력합니다. 서울대 최인철 교수는 "일상에서의 행복은 의미와 재미로 구성된다"고 합니다. 그러니까 의미도 있으면서 재미도 있는 것에서 행복을 느낀다는 것이지요. 그렇다면 여러분은 무엇이 떠오르나요? 바로 산책, 운동, 여행 등이 여기에 해당합니다. 그중에서도 단연코 여행이 최고입니다.

최인철 교수의 저서 《굿라이프》를 보면 행복한 사람은 돈을 포기하더라도 여행을 가는 반면, 행복감이 낮은 사람은 여행을 포기하더라도 돈을 선택한다고 합니다. 여행은 틀에 박힌 무언가로부터 벗어나는 자유를 줍니다. 앞서 언급한 대로 인간에게는 선택할 수 있는 자율성이 필요합니다. 또한 여행은 경험을 제공해줍니다. 아무리 좋은 집을 사더라도 인생을 집을 산 이야기로 가득 채울 수는 없습니다. 하지만 여행의 경험은 두고두고 인생을 채워주고, 다시 꺼내서 또 채워줍니다. 그래서 진짜 행복을 위해서는 물건보다 경험을 구매하는 소비 패턴이 필요합니다. 이제부터 우리도 돈 말고 경험과 추억을 요구하는 것이 좋겠습니다.

최인철 교수 외에도 많은 전문가들이 행복의 전염성에 대해 연구했습니다. 가까운 사람이 행복하면 자신의 행복도 15%가량 올라간다고 합니다. 반면 불행한 사람과 가까이 있으면 자신도 불행해진다고 합니다. 그리고 행복 바이러스보다 불행 바이러스가 더 빨리 퍼진다는 놀라운 결과가 우리를 긴장하게 만듭니다. 그래서 부정적인 직원이 있으면 그 옆의 직원도 부정적이 되거나 업무 생산성이 떨어진다는 조사도 나왔습니다. 어쨌든 관계를 통해 행복지수를 높여갈 수도 있고, 불행으로 내달을 수도 있는 것입니다. 그렇다면 좋은 사람과 여행의 추억을 쌓는 것, 그래서 웃고 대화하며 오래도록 기억에 남기는 관계를 유지하는 것만으로도 충분히 행복해질 수 있지 않을까요?

연인이 부부가 되어
오래 사는 게 기적?

여러분은 첫사랑의 추억이 있습니까? 너무 오래전 일이라도 가끔 첫사랑 소식이 궁금했던 적은 없었는지요? 첫사랑이 건물주가 되어 잘살고 있다는 소식을 들으면 배가 아픕니다. 그리고 첫사랑이 부도라도 맞아서 신용불량자로 어려움에 처했다는 소식을 들으면 가슴이 아픕니다. 그런데 현재 그 첫사랑과 살고 있는 사람은 골치가 아프답니다. 사랑에 빠진 사람의 뇌를 검사해보면 이성과 논리를 담당하는 전두엽 기능이 축소되어 마치 술에 취한 것과 같은 현상이 벌어지고 있습니다. 술 취한 사람이 술기운에 용기를 내어 고백을 하거나 평소 어려워했던 사람에게 속마음을 말하게 되듯이 사랑하는 사람이 생기면 평소에 하지 않던 용기 충만한 행동을 하게 되는 것입니다. 이런 현상을 소위 생활 인문학적인 표현으로 헛수작이라고 하지요.

아무튼 우리는 이렇게 전두엽 기능이 마비된 상태에서 서로에게 호감을 품고 연애 기간을 지나서 결혼에 골인하게 됩니다. 그런데 사람마다 차이는 있겠지만 전두엽의 마비 상태가 그리 오래 지속되지 않는 것이 문제입니다. 미국 어느 의대의 연구에 의하면 오래 지속된다고 해도 30개월이면 제정신을 차리게 된다고 합니다. 그런데 이미 그때는 되돌리기 어려운 상황에 도달했기에 연애 시절에는 없던 갈등과 다툼이 시작되고 힘든 시기로 접어드는 것입니다. 사람들은 이 시기에 접어들면서 상대방을 비난하고 서운해합니다, 사람이 변했다고 말이죠. 예전에는 전혀 그런 사람이 아니었는데 결혼하고 애 하나 낳더니 변했다는 것입니다. 과연 그럴까요? 자신의 전두엽에게 물어보면 알 것입니다. 그래서 하상욱 시인은 이렇게 짧게 표현합니다.

"그리운 건 그대일까 그때일까?"

결혼은 인생에 있어서 그 어떤 사건보다 중요합니다. 일선에서 은퇴할 때의 스트레스가 44, 실직의 스트레스가 47인 데 비해서 결혼이라는 이벤트의 스트레스는 50입니다. 그만큼 인생의 그 어떤 일 못지않게 중요한 일임에 틀림없습니다. 바다에 나갈 때에는 한 번 기도하고, 전쟁에 나갈 때에는 두 번 기도하고, 결혼을 할 때에는 세 번 기도하라는 말도 있지 않습니까? 제게는 죽을 수도 있다는 말로도 들리네요, 전쟁에 나갈 때보다 더 기도할 일이니까요.

사는 동안 만남이 중요하다고 하지요. 누구를 만나는가에 따라서 많은 것들이 달라집니다. 어떤 스승, 어떤 종교, 어떤 부모를 만나느냐가 인생을 좌우합니다. 그 만남 가운데 어떤 배우자를 만나는가만큼 중요한 일도 드물 것입니다. 만남은 곧 관계입니다. 결국 인생에서 관계만큼 중요한 것은 없다고도 하겠습니다.

결혼은 사랑으로 시작합니다. 하지만 사랑이 결혼을 완성하지는 못합니다. 사랑이 불필요해진다는 것이 아니라 사랑만으로 결혼 관계가 유지되기 어렵다는 말입니다. 처음에는 사랑으로 시작하더라도 행복한 부부 관계를 유지하려면 점차 '사랑'에서 '사람'으로 초점과 관심 포인트를 옮겨야 합니다. 이것은 상호 노력이 필요하고, 인내와 의지가 많이 요구되는 부분입니다. 그래서 결혼은 연애와 다릅니다. 사랑이 밥 먹여주느냐고 하는 것은 사랑이 결혼 관계에 필요 없다기보다 사랑만으로는 안 된다는 의미가 아닐까 싶습니다. 건강하고 행복한 부부 관계는 사랑에서 사람으로 깊이를 더하는 과정이 있어야 합니다. 그래야 비로소 오랫동안 부부 관계를 이어가는 행복을 맛볼 수 있을 것입니다.

행복한 부부 관계를 유지하는 사람들의 특징은 서로를 잘 이해합니다. '왜 저러지'가 아니고 '그래서 저랬구나' 하고 받아줍니다. 단지 마음이 넓어서가 아닙니다. 그만큼 서로를 이해하고 있기 때문에 가능한 것입니다. 연애를 거쳐 결혼에 이르렀다고 상대를 모두 이해할 수 있는 것은 아닙니다. 살아가면서 알게 되는 면도 너무나 많습니다. 배우자의 어린 시절 가정에서의 경험과 관계를 처음부터 속속들이 모두 알 수는 없습니다.

결혼하고 나서부터 말투와 신경질을 내는 포인트가 예전과는 달리 보이는 일이 많아집니다. 이때 사람이 변한 것으로 간주하기 전에 그 말투와 신경질의 이면에 어떤 동기가 촉매제 역할을 하는지 살펴볼 필요가 있습니다. 밖에서는 남들과 무던히 잘 지내며 누구에게나 신중하고 너그럽게 대하면서 유독 배우자에게만 득달같이 화를 내거나 말을 함부로 내뱉는 사람이 너무 많습니다. 행복한 부부는 한 번 더 생각하고 말합니다. 그리고 말하기 전에 한 번 더 물어봐줍니다.

현관에 맨발로 나가서 문을 열어주는 배우자나 설거지를 쌓아놓고 나중에 하는 배우자에게 필요 이상으로 민감하게 반응하고 싸우는 부부가 있다면 그저 결벽증으로 몰아세우기 전에 과거의 경험 가운데 그렇듯 예민하게 반응하게 된 사건이 없었는지 살펴봐야 합니다. 단순히 청결의 문제가 아니라 다른 감정이 치받고 있는 것일지도 모르기 때문입니다. 그런 감정의 트리거 포인트를 알지 못하고 드러난 현상만으로 다툰다면 해결될 리 만무합니다. 오히려 이해가 안 되는, 그저 싸움의 빌미만 될 뿐입니다.

저는 밍밍한 뭇국이나 감잣국을 싫어합니다. 제가 어릴 때부터 몸이 약했던 어머니는 늘 뭇국이나 감잣국에 거의 간을 하지 않고 드셨습니다. 평생 그 모습을 보고 자란 제 눈에는 밍밍한 뭇국이 환자가 먹는 음식으로 각인된 것입니다. 그래서 50이 넘은 나이에도 왠지 뭇국을 보면 식욕이 안 생깁니다. 마치 환자가 된 것 같은 기분이 들어서 나도 모르게 옆으로 치우게 됩니다. 아내가 이런 배경을 알지 못한다면 무슨 애도 아니고 국 타박을 한다고 비아냥댔을지도 모릅니다. 저는 일찌감치 아내에게 저의 속내를 이야기했기 때문에 아내도 저를 배려하여 음식을 준비합니다. 내가 어떤 행동을 하게 된 배경이나 이유는 배우자가 저절로 알게 되는 것이 아닙니다. 그래서 대화가 필요한 것이고, 사람에게 초점을 맞출 필요가 있는 것이지요.

기혼자와 미혼자를 비교해보면 인생을 살면서 누가 더 행복할까요? 미국에서 38년 동안의 종합사회조사 데이터를 분석한 결과로는 대체로 기혼자가 미혼자보다 행복하다고 합니다. 특히 남성의 경우엔 그 차이가 명확하게 나타났습니다. 하지만 부부 사이가 나쁜 기혼자의 경우에는 미혼자보다 행복도가 낮게 나타났습니다. 그리고 독신이더라도 종교나 사회적 관계망에 밀접하게 연결된 경우엔 행복도가 높게 나타났습니다. 인간의 행복에 관계라는 것이 얼마나 큰 영향을 미치고 있는지 짐작할 수 있는 부분입니다.

세계적인 부부 문제 전문가인 존 가트만 박사에 따르면 오래도록 행복한 관계를 유지하는 부부는 협상을 잘한다고 합니다. 협상이란 내가 더 가지려고 대립하는 것이 아니라 서로 만족할 만한 수준의 합의를 위해 소통하는 것입니다. 위대한 협상가는 상대를 적으로 여기지 않고 파트너로 대해줍니다. 내가 원하는 것을 요구하기 전에 상대가 원하는 것을 파악합니다. 그리고 협상을 이겨야 하는 과제로 생각하지 않고 성공해야 할 과정이라고 여깁니다. 이런 부부가 결국 행복하게 오래 산다는 것을 기억하기 바랍니다.

| 행복한 기혼자 | ➡ | 미혼자 | ➡ | 불행한 기혼자 |

살면서 알게 되는 사실 가운데 하나는 기적이 따로 없다는 것입니다. 아니, 어쩌면 인생은 온통 기적투성이일지도 모릅니다. 무슨 대단한 일을 경험한 것이 기적이 아니고 아무 일도 경험하지 않는 것도 기적이라고 생각합니다. 예컨대 암에 걸렸다가 치료된 것도 기적이지만, 암에 안 걸리고 지금껏 살고 있는 것도 기적이란 것이지요. 우리는 평범한 삶을 이야기합니다. 하지만 평범하게 사는 것도 얼마나 어려운 일인지 모릅니다. 그저 큰 빚 없이 소박한 내 집에서 아이들이 건강하게 자라는 평범한 삶, 이게 장난 아니게 힘든 일입니다. 뭐든 기적이라고 믿고 사는 것이 좋습니다. 연애를 하고 결혼을 해서 부부로서 아무 일 없이 오래 산다는 것은 그래서 기적입니다. 그 기적을 만드는 출발점이 바로 관계라는 것입니다. 따라서 관계를 건강하게 관리하는 것은 기적을 만드는 일입니다.

동물에게 배우는 관계력

호모 사피엔스! 인간이 만물의 영장이라고 자부하며 살고는 있지만 과연 가장 강하고 똑똑한 종種인가에 대해서는 의문입니다. 역사 이래 인류가 살아남은 이유는 가장 강하거나 똑똑해서가 아니라 서로 모여서 돕고 살았기 때문이라고 합니다. 강하지 못하기에 집단으로 모이고 도왔던 것이지요.

인간의 삶이란 것을 보면 태어나면서 죽을 때까지 누군가의 도움이 없이는 안 되는 존재인 듯합니다. 누군가의 보살핌으로 태어났다가 누군가의 보살핌 속에서 죽는 것이 인생이니까요. 이렇듯 인간에게 누군가와의 관계는 떼려야 뗄 수 없는 것입니다. 그러한 관계력에 있어서 우리는 그리 자신만만할 상황이 아님에도 자칫 간과하고 지나치는 일이 많습니다.

흔히들 "짐승만도 못하다"는 말을 합니다. 동물을 우습게 여기는 표현이 아닐 수 없습니다. 적어도 관계력에 있어서는 동물에게도 배울 부분이 많습니다. 인간이 사회적 동물이라고 하는데, 동물이야말로 사회적 동물인 경우가 많습니다. 그래서 다윈은 동물의 사회성이 인간의 도덕성에 영향을 주었다고 하지 않았나 싶습니다. 인간이나 동물이 가지고 있는 사회적 본능이란 결국 타자에 대한 관심이고, 여기에서 공감과 배려가 생겨난 것입니다. 인간이든 동물이든, 사회를 이루고 살아가는 가장 근본적인 목적은 안전의 확보일 것입니다. 혼자서는 위험하다는 것을 알기에 무리를 이룹니다. 수천 마리의 새가 떼를 지어 날거나 작은 물고기들이 수만 마리씩 떼 지어 유영하는 것은 바로 스스로의 약함을 무리 지어 극복하려는 것이라고 합니다. 원숭이도 나무에서 생활하는 종류보다 땅에서 생활하는 원숭이들이 더 큰 무리를 지어 다니는 것은 바로 안전을 확보할 필요성이 더 많아서랍니다. 인간이 사회라는 무리를 만들어 상호 의존을 통해 안전을 확보하면서 생존해온 것도 이와 다르지 않음을 인정해야 할 것입니다.

동물의 세계를 연구한 여러 학자들에 의하면 동물들에게도 사회적 유대와 교감이 존재한다고 합니다. 러시아의 크로포트킨이 주창한 사회부조론이 그 대표적인 예입니다. 그는 협력적인 동물 집단이 덜 협력적인 집단보다 생존에 훨씬 유리하다고 생각했습니다. 동물의 세계에서도 나름의 기능이 발휘되고, 서로 돕는 관계가 집단의 생존을 결정히는 중요한 요인이 된다는 것이지요. 케냐의 개코원숭이 실험에 의하면 사회적 유대가 강한 암컷들의 새끼가 가장 잘 살아남았다고 합니다. 서로 털 고르기를 해주고 외부의 위험에 경고음을 내주거나 보호해주는 행위들이 새끼를 키우는 데 크게 영향을 주었기 때문에 자연히 생존에 긍정적인 영향을 주었다는 것입니다. 다시 말하면 이런 동물들의 사회적 행위가 자신이 속한 개체에게 이익이 되는 형태로 돌아간다는 사실을 그들도 알고 있다는 것입니다.

침팬지 집단에 대한 연구에서도 비슷한 사례를 찾아볼 수 있습니다. 예를 들어 침팬지 집단에서 수컷들이 싸움을 벌이려고 괴성을 지르며 소란을 피울 때 암컷 침팬지가 나서서 흥분을 가라앉히게 어루만집니다. 그리고 싸움 이후 반대편에 앉아서 여전히 씩씩대는 수컷들에게 화해의 제스처를 보내도록 암컷이 돕습니다. 때로는 수컷의 손을 잡고 상대편 수컷에게 다가가서 화해하도록 중재하기도 합니다. 재미있는 것은 암컷의 그런 행위를 수컷들이 받아들이고 순순히 응한다는 것입니다. 서열이 높은 수컷 침팬지가 중재를 하는 경우도 있다고 합니다. 싸움이 과열되는 경향을 보이면 최고 서열 수컷이 나서서 두 수컷을 떼어놓거나 위압적인 자세로 싸움을 말린답니다. 이렇듯 동물의 세계에도 집단에서의 사회성이 있고, 상호 배려가 있는 것입니다.

그 유명한 리처드 도킨스의 ≪이기적 유전자≫ 때문에 인간이나 동물의 본성을 탐욕이나 공포로 제한하는 오해가 발생하지 않았나 싶습니다. 심리학과 생물학의 용어가 만나면서 교묘한 오해와 적용이 시작되었다고 생각합니다. 영국의 정치학자인 스펜서가 사용한 말이지만 대개는 다윈이 썼다고 잘못 알려진 적자생존의 개념도 가장 강한 자의 권리를 의미하지는 않았던 것처럼, 이기적 유전자라는 용어로 인해서 인간과 동물의 사회성과 관계에 대한 개념을 단순한 세포 운동으로 제한하는 것은 합리적이지 않다고 봅니다. 어미가 죽은 불쌍한 새끼를 다른 암컷이 데려다 키우는 것이나 무리에서 낙오된 다른 새끼가 자신의 먹이를 먹도록 허락하는 수컷의 행동을 본다면 단순히 실수로 일어난 일이라고 하기에는 설명이 부족할 것입니다. 이렇듯 동물의 세계에서도 사회적 유대관계를 유지하며 집단을 존속시키려는 일들이 발생하는데, 하물며 인간 사회에서 관계가 무너지거나 이기적으로 살아가는 것을 어떻게 바라볼 것입니까?

동물들이 단순히 관계만 유지하며 사는 것은 아닙니다. 그들도 충분히 상호 교감하고 이타적인 행동까지 보여주며 돕고 사는 것을 알 수 있습니다. 한 원숭이 실험을 보면 먹이가 나오는 줄을 당길 때 옆의 동료에게 충격이 가해지는 경우 원숭이들이 줄 당기기를 거부합니다. 자신의 행동으로 동료가 고통을 받게 되는 것을 알게 되자 스스로 먹이를 먹지 않는 쪽을 선택하는 것입니다. 한두 번이 아니고 며칠씩이나 굶으면서까지 줄을 당기지 않는 원숭이도 있습니다. 침팬지에 대한 다른 실험에서도 재미있는 현상을 찾을 수 있습니다. 철창 밖에 있는 사람이 손을 뻗어 막대기를 집으려고 하지만 잡을 수가 없는 상황입니다. 그러자 막대기 바로 앞에 있던 침팬지가 막대기를 집어서 철창 너머의 그 사람에게 건네준 것입니다. 침팬지는 그런 훈련을 받은 적이 전혀 없었고 무슨 보상이 있었던 것도 아닙니다. 심지어 막대기를 집으려면 높은 단을 올라가야 하는 번거로운 상황을 만들어도 침팬지는 수고를 마다 않고 막대기를 집어서 건너편 사람에게 주었습니다.

누군가를 돕는 일은 먼저 공감을 해야 가능합니다. 수십 미터 상공에서 외줄타기를 하는 곡예사를 보다가 순간 발이 삐끗하는 장면에서 자신도 모르게 '앗' 하고 소리를 지르게 되는 것은 공감 능력 때문입니다. 어두운 골목을 걸어가는 영화 속의 주인공 뒤로 소리 없이 범인이 다가가는 장면을 보면서 가슴이 쿵쾅거리는 것도 공감 때문입니다. 과학자들이 거울 뉴런을 발견하면서 우리가 공감하는 메커니즘이 밝혀졌습니다. 거울 뉴런은 타자와 자신의 경계를 없애고, 보는 것과 행동하는 것의 경계를 지워버립니다.

아담 스미스는 공감을 '고통받는 사람이 원하는 대로 입장을 바꾸는 것'이라고 했습니다. 공감은 상대의 속으로 들어가서 같이 느끼는 것입니다. 그래서 '들어가 느끼다'라는 독일어와 '강한 애정이나 열정을 느끼다'라는 그리스어가 심리학자들에 의해서 공감이란 단어 'empathy'로 만들어졌습니다. 그런 공감이 원숭이 실험을 통해서 인간만의 고유한 특성이 아님을 알게 된 것입니다.

공감적 감정에, 상황에 대한 이해가 더해지면 도움이라는 행동으로 연결됩니다. 죽음의 공포를 무릅쓰고 화염 속으로 뛰어들어 생존자를 구조하는 소방관, 지하철 선로에 떨어진 사람을 보고 앞뒤 재지 않고 내려가서 끌어올려준 의인, 나치의 서슬 퍼런 감시하에도 유대인들을 보호하기 위해 목숨을 걸었던 안네 프랑크 가족 등의 이야기는 공감을 빼놓고는 설명할 수 없습니다. 미국 국립동물원에서의 실험을 보면 한 오랑우탄이 자신에게 먹이를 집어줄 수 있도록 사람의 손을 이끌어 먹이가 있는 곳으로 안내하는 모습을 볼 수 있습니다. 사람에게 앞이 보이지 않도록 양동이를 뒤집어 씌우자 오랑우탄은 양동이를 벗겨내고는 그 사람을 먹이가 놓인 곳으로 끌고 가기도 했습니다. 또 투명한 양동이를 씌웠을 때에는 놀랍게도 양동이를 벗기지 않고 그대로 먹이 쪽으로 이끄는 것이었습니다. 결국 오랑우탄은 인간처럼 타자의 관점에서 상황을 바라보는 능력이 있는 것입니다.

동물의 세계도 이럴진대 우리 인간의 세계에서 공감과 도움의 관계가 무너진다면 과연 짐승만도 못하다는 표현을 사용해도 되는 것일까요? 반드시 나와 사이가 좋은 사람이나 잘 아는 사람뿐만 아니라 다소 낯선 사람과도 이런 공감과 도움의 관계로 나아가는 보편적 친절함을 지닌 사회가 되었으면 좋겠습니다.

우리 조직 사회에서는 아직도 끼리끼리 문화가 여전합니다. 그래서 조직 내의 이너서클을 뚫지 못해 좌절하기도 하고, 이너서클로 인해 파벌이 생기기도 합니다. 이것이 조직 내 사일로 효과로 나타나 소통을 방해하고 협업을 가로막습니다. 과거 전자업계의 세계적인 강자였던 소니가 무너진 이유도 바로 사일로 효과 때문입니다. 내부 경쟁을 통해 성장을 촉진하던 것이 지나쳐 조직 내 분열과 고객의 외면을 초래했던 사실은 유명합니다.

동물들도 보여주고 있는 이런 공감 능력을 인간인 우리가 가정이나 조직과 사회에서 보이지 못한다면 동물들은 어떤 반응을 보일지 궁금합니다. 자신에게 돌아올 이익만 계산할 것이 아니라 그저 타인의 행복에도 조금 더 주목하면서 따뜻한 친절을 나눴으면 좋겠습니다. 바라는 마음 없이도 기꺼이 공감과 이해를 바탕으로 돕고 살아가는 사회적 관계가 사실은 우리 자신을 행복하게 만들어줄 것입니다. 타인을 도울 때 돌아오는, 기대하지 않았던 행복감이 인간관계의 전형이자 진짜 이기적 유전자의 역할이 아닐까 싶습니다.

소유에서 관계로!

요즘 방송 트렌드가 예전과 많이 달라졌습니다. 특히 예능 프로그램의 변화가 두드러집니다. 언제부턴가 단순한 오락이나 게임이 아닌 체험적 리얼 버라이어티가 대세가 되었습니다. 특별할 것 없는 누군가의 다양한 삶의 모습을 우리에게 친숙한 연예인이 직접 살아봅니다. 그리고 우리는 그 모습을 시청하면서 대리 만족과 체험을 하면서 좋아합니다.

방송에서나 만날 수 있는 유명 연예인이 동네 곳곳을 다니면서 저녁 한 끼를 같이 먹자고 들이대기도 합니다. 그리고 주인의 승낙을 받은 그들은 일반인의 집 안으로 들어가서 평범한 식사를 함께 합니다. 거기에서 서민들의 삶의 모습에 공감하며 때로는 감동을 주기도 합니다. 혹은 시골 마을에 가서 집을 빌리고 실제로 거주하며 세끼 밥을 해결합니다. 우리에게도 친숙한 메뉴를 정하고 알맞은 식재료를 구해와서 아마추어 요리 실력으로 한 상을 뚝딱 차려냅니다. 한글 '먹방'보다 영어 'mukbang'

이 구글 검색에서 상위에 랭크 되는 현상이 생기기도 했습니다. 우리는 무엇이 진짜 고픈 것일까요?

이미 군대에 다녀온 연예인들이 다시 입대하여 군 생활을 겪어내기도 합니다. 사병으로 입대하거나 부사관으로 입대하여 기억하기도 싫은 훈련소 생활을 해냅니다. 가끔은 여자 연예인들이 여군으로 입대하여 이와 같은 훈련 생활을 하면서 겪는 일들을 보여줍니다. 또 일반인들이 포함된 해외 패키지 여행에 연예인들이 함께 참여하여 여행 기간 동안 벌어지는 에피소드를 보여주고 우리는 그 모습을 즐깁니다. 독신으로 사는 연예인이나 연예인 가족의 집을 24시간 보여주면서 그들이 살아가는 일상의 모습을 같이 관찰하고 즐기며 삶에 대해 이야기하기도 합니다. 심지어 유명인의 청소년 자녀들이 해외에서 그들끼리 체류하며 일정 기간 체험하는 일들을 관찰자 입장에서 바라보고 인생을 이야기합니다. 길을 가는데 느닷없이 앞에 유명 연예인이 다가와서 이야기를 나누고 퀴즈를 풀면서 소소한 삶을 나누기도 합니다.

왜 유독 요즘 들어서 이렇게 예능 프로그램에서 사람들의 삶을 관찰하고 거기에서 일어나는 일들을 함께 느끼고 즐거워할까요? 사람이 그리운 것은 아닐까요? 모두의 마음속에 진한 고단함으로 남은 삶의 무게를 혼자 지고 가기에는 힘이 부쳐 이웃의 온기를 나누고 싶은 심리를 타깃으로 한 것은 아닐까요? 바로 사라져가는 공동체에 대한 아쉬움 내지는 그리움을 예능 프로그램에서 되찾아보고 싶은 것이 아닐까 싶습니다.

인간은 본성적으로 공동체를 벗어나서는 살기 힘든 존재입니다. 그런데 현대 사회에서는 공동체가 사라지고 있습니다. 가족 구성원마저 1인 가족으로 변하는 세상에 사회 공동체는 어떻겠습니까? 그런 이유로 척박하게 갈라진 현대인의 마음에 공동체의 따뜻함과 거부감 없는 구수함으로 다가서는 좋은 방법이 체험적이고 함께 나누는 예능 프로그램으로 자리하게 된 것 아닐까요?

작년 가을에 중국의 움직임 가운데 주목할 만한 일이 있었습니다. 아프리카 여러 나라의 원수들이 중국에 모였는데 한두 나라가 아니라 무려 51개 국가가 모였습니다. 아프리카 전체 나라가 54개국임을 감안하면 아프리카가 통째로 중국으로 옮겨진 것과 마찬가지입니다. 당시 중국 베이징의 거리는 아프리카 국기들로 뒤덮일 정도였습니다. 시진핑 주석은 아프리카와 중국을 공동체로 만들자고 역설했습니다. 게다가 운명공동체라는 강력한 단어를 동원하며 강조했습니다. 중국의 관영 신화통신은 즐거움과 괴로움을 함께한다는 '휴척여공休戚與共'이란 표현을 써가면서 6대 협력을 세상에 공표했습니다. 책임, 승리, 행복, 문화, 안전, 화목이 그것입니다. 서남 아시아와 유럽을 거쳐 이제는 아프리카까지 끌어안겠다는 중국의 전략이 거대한 야망으로 보이는 것은 저만의 생각이 아닐 것입니다.

공동체란 한 몸을 의미합니다. 그 어떤 것보다도 강력하게 결속된 상태입니다. 이웃 중국은 일찍이 일대일로一帶一路를 표방하면서 이렇게 세계를 향해 치고 나가는데 우리는 아직 한반도 공동체조차 온전하지 않은 안타까운 현실입니다. 따지고 보면 공동체 정신과 문화가 우리나라만큼 강력한 나라도 없을 것입니다. "우리가 남이가"라는 우스갯소리도 있듯 이 그 어느 나라보다 '우리'라는 단어를 많이 사용하는 나라입니다. 아내 와 남편이라는 지극히 사적인 관계도 우리로 표현하는 나라입니다. 한솥 밥 먹는다는 의식을 기반으로 식구로서 살아온 나라입니다. 그래서 어딜 가나 식구요, 가족입니다. 웬만한 회사의 조직 문화에도 가족이나 식구 개념이 빠진 곳이 없을 정도입니다. 누군가와 같이 나눠 먹는 인심만큼 은 최고였습니다. 그런데 그 인심이 사라지고 있어서 문제입니다.

사회가 발전하면서 명암이 없을 수야 없겠지만, 빠르게 발전하는 속도 에 비례해서 관계가 무너지는 속도도 빠릅니다. 치열한 경쟁과 경제적 불균형이 세상을 온통 뒤바꿔놓았습니다. 심하게는 '가격만 남고, 가치 는 사라진 사회'라고도 합니다.

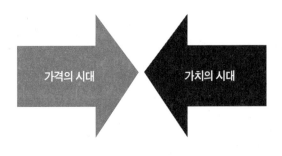

모든 것이 가격으로 평가됩니다. 그 속에 담긴 가치나 의미는 거들떠 볼 여유가 없습니다. 그러니 가격에서 밀리고 평가받지 못하면 의미 있는 관계로 이어질 리 만무합니다. 아이들마저도 가격으로 관계를 맺습니다. 물질이란 가격, 실력이란 가격, 외모라는 가격 등 온통 가격으로 치환하고 비교합니다. 가격이 맞지 않으면 관계가 끊어집니다. 그런데 그런 관계는 결정적인 순간에 변질될 위험을 안고 있습니다.

《소유냐 존재냐》를 통해 현대 자본주의 사회의 삶의 양식을 논했던 에리히 프롬을 보더라도 무언가를 얻고 소유함에 기댄 수동적인 삶을 경계하고 있습니다. 우리가 소유하는 것도 결국엔 유한합니다. 오래도록 소유하기가 매우 어려움에도 소유욕에 눈이 멀기도 합니다.

꽃이
피는 건 힘들어도
지는 건 잠깐이더군
골고루 쳐다볼 틈 없이
님 한번 생각할 틈 없이
아주 잠깐이더군
(중략)
꽃이 지는 건 쉬워도
잊는 건 한참이더군
영영 한참이더군

최영미 시인의 〈꽃이 피는 건 힘들어도 지는 건 잠깐이더군〉이라는 시의 일부입니다. 시인이 노래하듯이 소유는 잠깐이지만 기억에 존재하는 것은 오래갑니다. 소유는 잠깐의 시간일 뿐이지만 관계는 오래 이어지는 것입니다. 에리히 프롬이 말한 것처럼 소유에서의 행복은 타인에 대한 우위와 정복하고 빼앗는 능력에 있는 데 비해 존재에서의 행복은 이타심과 사랑 그리고 공유에 있음이 분명합니다. 우리는 각자가 속한 조직이나 공동체 안에서 관계를 통해 이런 존재에서의 행복을 증대시키고 전파해야겠습니다. 비록 가난했지만 탈무드 연구를 통해 유명한 랍비로서 당시 사회적 존경을 받으며 살았던 증조부를 흠모하며 자라난 에리히 프롬의 꿈은 그저 '늙은 유태인'이었답니다. 거대한 소유를 지향하며 살지 않고 오랜 가치를 위해 살았던 할아버지와 그를 본받아 살았던 에리히 프롬의 관계가 우리 사회에 소중한 열매를 선물한 것은 가격으로는 매길 수 없는 가치입니다.

CHAPTER 6

데인 관계? 대인 관계!

건국대 학생 상담실의 홍보 포스터 문구를 보면서 웃음이 나왔습니다. 너무나 공감 가는 표현이었기 때문입니다.

"데인 관계를 대인 관계로!"

앞에서도 여러 사례를 통해 언급했듯이 오늘날 우리 사회에는 관계에 데인 사람들이 많습니다. 그래서 관계 없이는 못 살면서도 관계 때문에 괴로워합니다. 관계에 데인 상처는 생각보다 쉽사리 치유되지 않습니다. 믿었던 만큼 상처가 큰 이유로 관계에 데이면 후유증이 더 오래가는 법입니다.

연인이나 부부가 헤어지면 쉽게 다른 상대를 만나지 못하고 마음앓이를 하게 됩니다. 새로운 만남으로 과거의 상처를 잊고 다시 시작하고 싶은 마음에도 섣불리 관계를 만들지 못하는 경우가 많습니다. 두렵기 때문입니다. 과거의 상처를 다시 경험하게 될까봐 두렵고 망설여지는 것입니다. 공들여 만든 아이디어를 몰래 자신의 것으로 내세우는 동료나, 친한 친구에게 축의금으로 10만 원을 냈는데 본인 결혼식에는 3만 원을 내는 친구에게 데어서 모든 대인 관계에 회의적이 된 경우 등이 그렇습니다.

관계에서 데인 경험을 가진 사람들의 공통적인 성향은 미리 짐작하고 혼자 나름의 판단을 한다는 것입니다. 상대방이 자신을 좋아하지 않는다고 미리 주눅이 들거나 속상해합니다. 그래서 자신감을 잃고 소극적으로 보이는 것입니다. 자신에 대한 타인의 평가나 시선에 매우 민감하고 예민합니다. 자신에게 편안하게 다가오는 사람 외에는 먼저 다가서지 못하는 경향도 있습니다. 특별한 용무가 있지 않으면 쉽게 연락하거나 다가가지 않는 성향입니다. 그리고 일부의 아주 친한 관계를 제외하고는 가까이 지내는 사람이 없어서 타인과의 대화나 교류에 불편함을 느끼는 편입니다. 때로는 감정의 기복이 심하다는 평을 듣기도 합니다. 마음과는 달리 관계가 편안하고 매끄럽지 못한 것에 스스로 답답함을 느끼며 힘들어하는 성향입니다.

누구나 데인 관계의 경험은 있을 것입니다. 부정적인 사고를 하는 사람들의 해석 체계에는 어떠한 특징이 있습니다. '왜 나만 이렇지?' '왜 나는 하는 일마다 이렇지?' '그러고 보니까 나는 원래부터 이랬어.' 이런 방식의 해석 체계는 옳지도 않고 건강하지도 못한 것입니다. 소위 부정적 사고의 3P입니다. personal, pervasive, permanent가 그것입니다. 나에게만 이런 일이 생길 리가 없습니다. 내가 하는 모든 일이 다 이랬을

리가 없습니다. 그리고 원래부터 그런 일은 없습니다. 살다 보면 누구나 겪을 수 있는 일일 뿐이라고 생각해야 합니다. 내 인생의 모든 일이 다 이렇지는 않았음을 스스로 깨달아야 합니다. 길든 짧든 인생의 처음부터 줄곧 이랬던 것은 아님을 알아야 합니다.

부정적인 해석 체계를 벗어나기만 해도 세상이 달라 보일 것입니다. 스스로의 마음에 힘이 생길 것입니다. 그리고 세상 모든 사람이 자신에게 호감을 보이지 않는 것이 정상적인 것임을 알아야 합니다. 이 세상에 그런 사람은 없습니다. 적어도 타인의 30퍼센트 정도는 나를 호감으로 대하지 않을 수 있음을 받아들이면 됩니다. 저 역시 강의를 하면서 모든 교육생이 제 강의를 좋아할 것을 기대하지 않습니다. 물론 최선을 다하지만 그래도 불만인 사람은 있을 수 있다고 생각해야 편합니다.

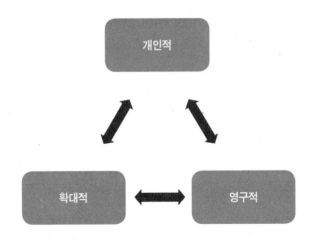

관계가 힘들다고 자신이 꼭 나쁜 사람이거나 문제가 있는 사람이라고 자책할 필요는 없습니다. 무조건 착하다고 관계가 다 좋아지는 것도 아닙니다. 무조건적인 이타주의가 상대방에게 무조건 호의적으로 전해지지 않는 경우도 많습니다. 오히려 적당히 이기적인 면을 갖고 이타적인 관계를 만드는 것이 덜 상처받고 건강한 관계를 만들기도 합니다.

애덤 그랜트는 유명한 그의 저서 《기브 앤 테이크》에서 기버와 테이커를 비교했습니다. 세상에서 가장 성공과 거리가 먼 사람은 테이커가 아니라 기버였습니다. 그런데 놀랍게도 가장 성공한 사람도 역시 기버였습니다. 그렇다면 무엇이 기버의 성공과 실패를 가르게 되었을까요? 무조건적인 기버는 분명 실패가 많았습니다. 하지만 기버로서 상대방의 평판이나 태도를 파악한 후에 옳지 않다고 판단될 경우 주지 않는 쪽을 택한 기버는 성공하게 되었던 것입니다. 이처럼 무조건 자기 이익만 취하려는 테이커는 당연히 성공하지 못하지만, 주기는 주되 가치가 있는 경우에만 주는 쪽으로 선택적 행동을 하는 현명한 기버가 오히려 성공하는 것입니다. 타인이 자신을 무시하고 음해한다는 편집증도 문제지만, 무조건 자신을 좋아하고 인정할 것이라는 낙관적 망상도 문제가 되기는 마찬가지입니다.

작년에 인기리에 방영되었던 드라마 〈미스터 선샤인〉의 주인공인 애기씨를 생각하면 박경리 선생의 《토지》에 나오는 서희와 오버랩이 됩니다. 《토지》는 구한말을 배경으로 식민지 시대를 거치는 50여 년 동안 벌어지는 대하 서사시로 장구한 세월을 거치면서 전개되는 까닭에 참으로 많은 사람들이 등장합니다. 그 많은 사람들의 얽힌 실타래 같은 삶의 편린들이 때로는 감동으로, 때로는 분노로 섞이면서 시공을 넘나듭니다. 하동 평사리의 지주 최참판 댁이 몰락하자 주인공 서희가 온갖 고초를 이겨내며 이역만리 간도로 이주하면서 공노인을 비롯한 많은 사람들의 도움과 협력으로 막대한 부를 이루어 다시 평사리로 돌아와서 가문을 일으키는 이야기입니다.

이렇게 시대적 특성상 연약할 수밖에 없는 여자의 몸으로 부모의 복수와 가문의 재건에 성공하는 서희 곁에는 수많은 사람들이 있습니다. 결코 위대한 한 여인의 인간 승리가 아닙니다. 물론 서희의 능력 자체도 대단합니다만, 결코 혼자서는 불가능한 일을 사람들과 함께했기에 해냈던 것입니다. 최참판 댁이 조준구의 손아귀로 넘어갔을 때 서희는 사람들과 모의하여 곳간을 열고 마을 사람들에게 곡식을 나눠준 일이 있었습니다. 이런 서희와 주변 사람들의 끈끈한 관계가 결속력을 발휘했기 때문에 그토록 오랜 세월을 함께하면서 일을 도모할 수 있었던 것이지요.

사람과의 관계에서 중요한 것은 공감일 것입니다. 타인에 대한 공감 없이는 좋은 관계를 만들 수 없습니다. 공감을 통한 관계 속에서는 서로 도울 수가 있습니다. 비록 자신에게 큰 이익이 돌아오지 않는 상황이라도 공감력이 있는 사람은 기꺼이 타인을 돕습니다. 인간이 누구를 돕는다는 것은 진화심리학적으로는 인간에게 프로그래밍된 유전자 때문이라고 할 수 있고, 정신분석학적으로는 초자아 때문으로 이해할 수 있습니다. 생물학적으로는 타인과 공감할 때 분비되는 옥시토신 호르몬이나 공감적 반응에 영향을 주는 거울 뉴런 등으로도 해석이 가능할 것입니다. 어쨌든 한마디로 인간의 공감과 돕는 행위를 통한 관계의 원리를 단정하기는 어렵지만 분명한 것은 건강한 관계가 건강한 삶을 지탱하게 한다는 것입니다.

인간으로서 공감력을 기르고 도와야 할 때 돕는 것으로 관계를 이어나가지 못한다면 인간의 조건에 미치지 못하는 사람일 것입니다. 어떻든 이런 관계의 바탕이 되는 공감과 협력은 개인뿐만 아니라 기업과 사회에 꼭 필요한 것입니다. 이를 위해 나름의 교육 훈련과 노력이 수반되어야 함은 분명합니다. 기업에서의 인재 개발 측면에서도 관계에 대한 중요성은 결코 간과할 일이 아닙니다. 개개인이 어떤 정체성을 갖느냐가 조직 내에서 상호 어떤 관계로 이어질지에도 크게 영향을 줍니다.

'나'라는 존재의 정체성을 명확히 규명하고 살아간다면 공감과 협업 등 돕는 행위에도 자연스럽게 다가설 수 있습니다. 자기 자신의 소중함에 대한 정체성으로 보다 건강한 관계를 당당히 대면하게 되는 것입니다. 사람은 누구나 관계에 데일 수 있습니다. 하지만 자신의 정체성을 알고 믿으면서 꿋꿋하게 데인 관계에서 대인 관계로 나아가야 합니다. 나는 나로서 의미 있고 소중합니다. 그런 내가 건강하고 당당하게 존재해야 누군가와의 관계로도 이어지는 것입니다.

관계만사성

"인사人事가 만사萬事다"라는 말이 있습니다. 사람을 등용하는 것이 일의 전부라는 의미겠지요. 그만큼 어떤 사람을 어느 자리에 앉히는가에 조직의 명운이 달려 있다고 생각했습니다. 그런데 이제는 단지 적재적소에 배치하는 것만으로는 안 되는 상황이 되었습니다. 어떤 관계를 만드느냐가 뒷받침되지 않으면 애써 선발하여 앉힌 인재도 제 역할을 못할 수가 있기 때문입니다. 그래서 요즘 많은 기업에서 인재 선발 못지않게 구성원 간의 관계 관리에도 열을 올리고 있습니다. 이전에도 구성원 간의 소통을 위해 회식이나 모임을 주선하기도 했고 단합대회 형식의 이벤트가 있어왔지만 실효성은 의문이었습니다. 남들이 하니까 우리도 한다는 형식적인 제도도 있었습니다. 하지만 이제는 상황이 달라졌습니다. '관계가 만사'인 시대입니다. 팀워크를 넘어서 협업으로 나아가려면 관계 관리가 필수입니다.

어느 회사에서 커피 한 잔에 약간의 기술을 입혔더니 마법 같은 일이 생겼다고 합니다. '훗스위트'란 회사는 2008년에 5명으로 시작해서 지금은 1,000명으로 성장한 스타트업입니다. 페이스북이나 인스타그램의 게시물을 모아 관리하는 플랫폼을 제공하는 기업입니다. 이렇게 급격한 성장을 하는 기업이 피할 수 없는 것이 바로 늘어난 직원 간의 관계 문제입니다. 책임과 역할을 명확히 하고 시스템도 갖췄지만 개인과 부서 간의 벽이 생긴 것입니다. 점점 문제가 심각해지면서 고객 서비스에까지 영향을 주면서 클레임이 쇄도하였습니다. 그래서 고안한 방법이 '랜덤 커피' 제도입니다. 미리 짜둔 알고리즘에 따라 직급, 성별, 나이에 관계없이 두 사람씩 짝을 지어 매주 한 번 커피를 마시도록 한 것입니다. 사내·외를 막론하고 짝이 된 두 사람은 커피를 마시고 사내 페이스북에 해시태그와 함께 인증샷을 올려야 합니다. 놀랍게도 랜덤 커피 덕분에 바로 옆 부서인데도 무슨 일을 하는지 모르고, 자신의 업무가 고객과 동료에게 어떤 영향을 주는지 몰랐던 사실을 깨닫고 문제가 해결되기 시작했습니다.

이제는 랜덤 커피 제도를 시행하는 기업이 훨씬 늘어났고, 국내 기업에도 도입이 된 사례가 있을 정도입니다. 단지 커피 한 잔을 마시는 것으로 관계의 문제가 해결되고, 창의적 업무 성과로도 이어지는 일석이조의 효과를 보게 된 것입니다. 아이들을 대상으로 한 실험에서는 다양한 친구들과 관계를 맺고 있는 아이가 창의성이 뛰어나다는 결과도 얻었습니다. 뿐만 아니라 기업에서 혁신적 아이디어를 자주 내는 사람의 특징은 대인 관계의 폭이 넓었다는 것입니다. 자기 부서에서 한정된 사람과의 네트워크만 가진 사람보다 타 부서까지 네트워크를 넓힌 사람의 혁신 아이디어가 뛰어났던 것입니다. 혁신 기업의 상징인 애플이나 구글의 사옥 구조가 왜 사람 사이의 만남이 이루어질 수밖에 없도록 설계되었는지의 이유가 여기에 있습니다. 구글 인사팀의 분석에 의하면 최고의 성과를 내는 팀은 유능한 인재가 모인 팀이 아니라 심리적 안정과 상호 신뢰가 강한 팀이었습니다. 결국 관계가 성과를 만드는 핵심 요인으로 밝혀진 것이지요.

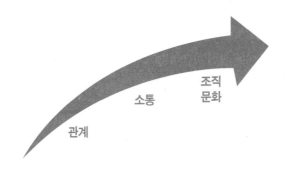

국내 기업에서도 관계의 문제를 해결함으로써 조직 문화를 바꾸고 업무 효율도 향상시키려는 노력을 기울이는 곳이 많아지고 있습니다. 대표적으로 전통적인 직급의 호칭을 바꿈으로써 수평적인 소통의 문화를 만들어 구성원 간의 위화감을 없애고 편안한 관계 문화를 추구하기도 합니다. 또는 의도적으로 리더가 구성원들에게 말할 기회를 만들어주면서

할 말을 하게 하는 문화를 추구하기도 합니다. 스스럼없이 할 말을 하는 조직 문화에서는 아무래도 관계의 경직성이 줄어들기 마련입니다. 그리고 리더가 의도적으로 구성원들과의 대화에 참여하면서 상호 의견을 주고받는 문화에 주력하기도 합니다. 우리 기업들도 이제는 직원들의 창의 혁신 역량을 개인의 탓으로 몰기 전에 조직 문화와 시스템을 먼저 되돌아보는 리더십의 반성이 절실한 시점입니다.

이제 미래 사회는 누가 뭐래도 연결의 시대입니다. 개인 간의 연결은 물론이고, 기업 간의 연결과 산업 간의 연결이 새롭고 경쟁력 있는 가치를 만드는 시대입니다. 그래서 어느 기업에서는 직원 교육 시 직급을 막론하고 반드시 다양성에 대한 주제 한 모듈을 넣어서 진행하기도 합니다. 다양성에 대한 열린 마음이 없으면 미래의 우수 인재로 성장하기 어렵다고 판단한 것입니다. 우리 민족이 우수한 두뇌는 갖고 있지만 다양성에 대한 인식은 비교적 뒤떨어진 것이 사실입니다. 여전히 좁은 인맥속에서 이기적인 결속만을 다지려는 성향이 강하고, 젠더 감수성과 인종간 다양성에 있어서는 글로벌 기준에 비추어볼 때 결코 앞서 간다고 말하기 어려운 현실입니다.

또봇이란 장난감을 아십니까? 아이들이 좋아하는 자동차 변신 로봇으로 '영실업'이라는 국내 장난감 회사가 개발한 제품입니다. 이 장난감은 기아자동차의 실제 모델을 디자인으로 사용했는데, 기아자동차에 디자인 사용료를 지불하지 않고 있습니다. 아마도 비용을 지불하는 조건이었다면 그 액수가 감당하기 어려웠을지도 모릅니다. 기아자동차에서 비용을 받지 않고도 사용을 승인한 것은 장난감 포장에 기아자동차 로고를 같이 인쇄하여 판매하기 때문입니다. 그러니까 장난감 회사는 디자인 개발비를 절약하면서 널리 알려진 디자인을 사용하고, 기아자동차는 판매에 따른 마케팅 홍보 효과를 얻을 수 있으니 윈윈 전략이라고 할 수 있는 것이지요. 바로 이 또봇 장난감이 대박을 쳐서 품절 사태까지 났으니 두 회사는 서로 대박인 것입니다. 전혀 상관없는 두 회사가 서로 이익이 되는 관계로 맺어진 멋진 사례가 아닐 수 없습니다.

미래 산업의 트렌드는 공유하는 것입니다. 이제 소유에서 공유로 경제 개념이 달라지고 있습니다. 자동차, 숙박, 주거, 오피스 등에서도 소유가 아니라 공유하는 비즈니스 모델이 활성화되는 추세입니다. 시대의 변화와 발전된 기술력을 바탕으로 경제성, 환경성, 편리성의 이익을 바라보며 소유하고 독점하지 않고 공유하며 상생하는 신사업이 성장하고 있습니다.

이웃 나라 일본의 경우 일본 특유의 기발함을 바탕으로 다양한 공유 비즈니스가 생겨나고 있습니다. 고가의 명품 핸드백이나 기모노를 개인 간에 빌려주도록 중개하는 사업, 반려동물을 동물 호텔에 맡기지 않고 실제 개를 키우는 견주의 집에 맡기도록 하는 공간 공유 사업, 주차난이 심각한 일본답게 비어 있는 개인 혹은 공용 주차장을 사용하도록 이어주는 사업 등 참으로 다양한 공유 비즈니스가 성행하는 시대입니다. 바야흐로 '나'에서 '우리'의 관계로 시대의 물결은 흘러가고 있습니다.

4차 산업혁명 시대를 맞아서 가장 혁신적인 발전을 기대할 수 있는 분야가 농업이라는 전문가들의 견해가 있습니다. 이제 농업은 1차 산업에서 6차 산업으로 도약할 기회가 왔다는 것이지요. 원래 농업 하면 생산만을 의미했지만, 이제는 가공과 판매 그리고 서비스에서 콘텐츠까지 아우르는 종합 산업으로 발전하고 있음을 말합니다. 그러니까 1차 산업에 2차 산업과 3차 산업을 곱하면 6차 산업이 되는 것입니다.

이미 각 나라마다 스마트 팜smart farm에 대한 관심과 연구가 한창입니다. 드론을 농사에 활용하고, 사물 인터넷을 하우스 재배에 적용하는가 하면 인공지능 시스템으로 농업의 기술력을 향상시키는 등의 다양한 시도가 현실화되고 있습니다. 실제로 카이스트 출신의 청년 농부들이 이러한 첨단 기술과 콘셉트로 수경재배 시설을 통해 200억 원의 매출을 올리기도 합니다.

관계를 이야기하다 산업의 발전에 이르기까지 좀 많이 넘어왔네요. 예로부터 가화만사성家和萬事成이라고 했습니다. 아무리 재물이 많고 권세가 높더라도 가족 구성원의 화목이 깨진다면 아무 소용이 없습니다. 세상 그 어떤 일이든 화목한 관계에서 시작되는 것입니다.

논어에서 공자는 멀리서 벗이 찾아오면 그 또한 기쁜 일이라고 했고, 성경의 잠언에는 '마른 떡 한 조각만 있고도 화목한 것이 제육이 집에 가득하고도 다투는 것보다 나으니라', '다투는 여인과 큰 집에서 사는 것보다 움막에서 사는 것이 나으니라'고 했습니다. 이처럼 동서고금을 막론하고 화목과 관계를 선호하는 이유가 무엇이겠습니까? 관계가 깨지면 곧 삶 전체와 그 사회가 깨지는 것입니다. "행복의 9할은 인간관계에 달려 있다"는 키에르 케고르와 "사람에게 다가갈 때에는 타지 않을 정도로, 멀어질 때에는 얼지 않을 정도로 하라"던 디오게네스의 조언을 마음에 새기면 손해는 없지 않겠습니까?

인간은 누구나 타인의 도움이 필요한 존재로 살아가게 되어 있습니다. 누군가의 도움으로 태어나서 누군가의 도움으로 살아가다가 누군가의 보살핌 가운데 삶을 마감합니다. 서로 도움을 주고받는 의존적인 존재가 인간인 것입니다. 비록 독립심이 강하거나 독립적인 능력을 갖추었다고 할지라도 근본적으로 누군가에게 의존함이 전혀 없지는 않습니다. 이런 의존적 인간들이 모인 곳이 우리가 속한 사회라는 곳입니다.

결국 인간의 상호 의존성은 서로 연결되어 있음을 말해줍니다. 지속적 생존을 위한 연결망을 네트워크라고 합니다. 이 시대는 이런 네트워크가 씨줄과 날줄로 촘촘하게 짜여 있고 다양한 기능으로 분류되어 있습니다. 시공간을 넘나들면서 연결된 관계 속에서 우리는 더 나은 삶을 추구하면서 살아갑니다. 3부에서는 행복한 관계가 곧 행복한 삶을 지탱한다는 원리를 느긋하게 살펴보고자 합니다.

행복한 관계를 위한 필생生기

CHAPTER 1

통하는 사람입니까?

배우자로서의 이상형을 묻거나 직장에서 같이 일하고 싶은 사람의 특성을 물을 때 가장 많이 나오는 대답 가운데 하나가 '통하는 사람'입니다. 청소년들에게 친한 친구의 조건을 물어봐도 잘 통하는 친구를 꼽습니다. 통한다는 것은 관계의 핵심입니다. 통하지 않으면서 관계가 좋을 수는 없습니다. 부부 싸움과 이혼의 결정적 원인은 소통이 미숙하거나 단절된 경우가 대다수입니다. 조직 내 문제의 상당 부분도 소통 방식이 원인입니다. 그래서 세계적인 기업의 조직 문화는 소통을 원활하게 하는 것을 기반으로 출발합니다. 소통의 원활함 없이 건강한 조직 문화를 만들 수 없고, 소통의 부재 시에도 탁월한 성과를 낼 수는 없습니다.

국내 기업도 이제는 사무실 구조를 포함하여 제도적인 장치를 마련해서 소통에 힘쓰고 있습니다. 숙박 앱으로 유명한 야놀자는 매월 마지막 수요일에 전 직원이 모여서 타운홀 미팅과 토크 콘서트를 진행합니다.

일명 놀수^{노는 수요일} 제도입니다. 최근 3년간 3배의 인력 증가로 자연히 소통에 주목하게 되었고 이를 제도적으로 실행하고 있는 것입니다. 카카오는 판교 사옥에 커넥팅 스텝이란 계단식 광장 공간을 마련하여 임직원들이 자유롭게 소통하는 환경을 만들었습니다. 이 밖에도 흩어진 사무실을 한데 모으거나 임원실을 없애면서 수평적 소통 문화에 주력하는 기업도 있습니다. 왜 이렇게 많은 기업들이 물리적 환경에까지 변화를 주면서 소통에 주력할까요? 통하지 않으면 조직이 돌아가지 않기 때문입니다. 그런데도 잘 통하고 있다고 착각하는 조직이 여전히 많습니다.

우리는 많은 경우 소통의 본질을 왜곡하고 잘못된 소통을 추구하기도 합니다. 소통이란 단지 말을 많이 하거나 잘하는 것을 의미하지 않습니다. 아무리 많은 말을 주고받더라도 상호 수용과 이해가 따르지 않으면 소통한 게 아닙니다. 그리고 일방적인 훈시와 지시 역시 소통은 아닙니다. 유창한 언변으로 일장 연설을 잘한다고 소통한 것도 아닙니다. 소통疏通이란 문자 그대로 서로에게 막힌 것 없이疏 주고받는通 것입니다. 그러니까 소통을 위해서는 열린 관계를 만드는 것이 우선입니다. 개인이건 조직이건 소통의 첫 단계는 개방적 관계 만들기입니다. 서로 마음을 열지 않고는 소통하기 어렵습니다. 닫힌 마음을 열기 위한 여러 시도가 선행되어야 제대로 소통할 수 있습니다. 성경에서도 예물을 제단에 드리기 전에 먼저 형제와 화해하고 다시 오라고 했을 만큼 관계가 중요한 것입니다.

"소통은 열린 관계입니다."

가족이나 친한 사이에도 열린 관계를 유지하기 어려운데 하물며 낯선 사람들과의 관계는 어떻겠습니까? 우리나라 사람은 특히 낯가림이 심한 편입니다. 낯선 장소에서 익숙하지 않은 사람과 함께 있으면 불편해합니다. 그런 상황에서도 유연하고 여유 있게 관계를 만들어가기란 여간 어려운 것이 아닙니다. 그래서 여럿이 모이면 서먹함이 생기고, 그럴수록 각자 휴대전화에 고개를 깊이 박게 됩니다. 어디든 모임 장소에 가보면 다들 입을 다문 채 휴대전화에 시선을 고정하고 있는 이유가 바로 이 때문입니다. 낯선 사람과도 열린 마음으로 관계의 고리를 찾아야 합니다. 그런 사회가 친절하고 따뜻한 관계의 사회가 되는 것입니다.

실제로 낯선 사람에게 먼저 인사를 건네는 사람이나 낯선 곳에서 익숙하지 않은 음식 먹기를 주저하지 않는 사람이 정신적으로 밝고 건강하다고 합니다. 한국인의 정신보건 연구 자료를 보면 의외로 부정적이거나 우울한 사람이 많습니다. 그런 부정적 정신 습관을 새로움에 대한 직면과 도전으로 바꿀 수가 있습니다. 낯선 사람을 피하지 않고 먼저 자연스럽게 인사를 건네는 작은 시도가 부정적 정신 습관을 바꾸는 데 효과적입니다. 우리는 익숙함에 숨어 살고 있습니다. 변화의 시대를 외치면서도 정작 삶의 깊숙한 곳에서는 익숙함을 벗어나길 거부하는 마음이 있습니다. 나이를 먹어가면서 이런 현상은 더욱 강화됩니다. 젊음을 유지하려면 열린 마음으로 열린 관계를 추구하는 것이 좋습니다. 그러면 소통하는 젊음이 유지될 것입니다.

끌리는 사람은 통하는 사람입니다. 인간관계에서 끌리는 매력만큼 경쟁력 있는 것이 또 있을까요? 아무에게도 끌리지 않는 사람은 외롭습니다. 자존감도 떨어집니다. 반대로 누군가에게 좋은 이미지로 끌리는 사람은 행복합니다. 힘든 일도 이겨낼 마음이 생깁니다. 이것이 관계의 힘이고, 소통의 힘입니다. 사람은 죽어서 이름을 남긴다지만 죽기 전에 살아서 향기를 남기는 사람이면 더 좋겠다는 말에 전적으로 동의합니다. 죽어서의 삶도 중요하지만 살아서의 삶을 무시할 수는 없겠지요? 한 번 살다가 떠날 이 세상에서 따뜻한 소통의 향기를 남기고 소풍같이 살면 좋겠습니다. 가정에서, 직장에서 이런 소통의 물결이 흘러넘치면 우리 사회는 저절로 따뜻해질 것입니다.

통하는 사람이 되려면 고집을 버리는 것이 중요합니다. 고집은 나만 옳다는 아집입니다. 고집은 타인을 존중하지 않습니다. 그동안의 성과와 경험에 지나치게 의존하여 타인의 말에 귀를 기울이지 않는 고집은 관계에서 최악입니다. 이런 사람과는 도무지 소통할 수가 없습니다. 이런 고집은 소통과 관계의 치명적인 적입니다. 고집은 소신과 다릅니다. 소신은 근거를 기반으로 한 믿음입니다. 소신은 타인의 의견도 존중합니다. 그리고 기본적으로 열린 마음으로 생각합니다. 소신을 지키는 것과 고집을 부리는 것은 전혀 다른 문제입니다. 소신을 지키되 고집이 아닌지 돌아보는 사람이 통하는 사람입니다. 자신의 이익을 위해서 옳지 않은 명령을 내리는 고집스러운 상사가 있는가 하면, 부당한 지시에 굴하지 않고 끝까지 옳음을 위해 버텨내는 담당자도 있습니다. 사람들은 과연 누구를 따르겠습니까? 누구와 통한다고 느끼겠습니까?

통하는 사람이 되려면 차이를 인정해야 합니다. 다름과 틀림을 구분하는 사람이 통하는 사람입니다. 아마도 수없이 들은 말일 것입니다. 그런데도 다른 것을 틀리다고 색안경을 끼고 보는 사람이 여전히 많습니다. 이분법적 사고에 젖어 사는 것입니다. 이제는 통합적, 통전적 사고가 필요한 시대입니다. 도 아니면 모였던 시대는 이미 지났습니다.

실내화를 앞쪽으로 놓느냐, 뒤쪽으로 놓느냐로 다투던 사람들이 선배에게 물었습니다. 누가 옳은지 말해달라는 후배들의 물음에 선배는 그냥 맨발로 살라고 대답했답니다. 실내에서 실내화 정리 방법으로 다투느니 그냥 맨발로 사는 것이 낫다는 말이겠지요. 잘 통하지 않고 관계에 서툰 사람은 대개 상대의 단점에 주목합니다. 반면 자신은 완벽하다고 착각하는 경향이 있습니다. 그리고 혼자 화내고 실망합니다.

조나단 스위프트의 《걸리버 여행기》에서는 계란 깨는 방법의 차이로 싸움이 일어납니다. 계란의 얇은 쪽을 깨느니 차라리 죽음을 택하겠다며 반란을 일으키고 그들과 맞서 싸우는 이들이 있습니다. 18세기 당시의 영국을 풍자하는 소설로 종교 갈등을 비롯한 사회 현실을 이런 사건으로 빗대어 이야기한 것입니다.

아, 여러분은 소금입니까, 설탕입니까? 감자에 소금을 찍는지, 설탕을 찍는지도 첨예한 대립을 일으키는 유명한 사례지요? 인간은 이렇게 별 것 아닌 것으로 목숨 걸고 대립하기도 하는 존재입니다. 이런 대립의 바탕에는 나는 옳고 그들은 틀렸다는 이분법적 사고가 자리하고 있습니다. 4지선다형 문제에서 정답을 고르는 데 익숙한 우리의 사고법 때문이 아닐까 싶기도 합니다. '그럴 수도 있지'라는 생각을 우유부단함으로 인식하는 사회 분위기도 한몫한 것입니다. 나와 다른 의견은 나를 반대한다고 여기는 왜곡된 한 핏줄 문화도 작용한 것입니다. 그래서 정치, 종교를 주제로 대화하면 가족끼리라도 위험해집니다. 행복한 관계력은 잘 통하는 것입니다. 통하려면 고집을 내려놓고 '그럴 수도 있지'라고 생각하는 게 제일입니다.

CHAPTER 2

성격 탓이 아니다

"나는 원래 대인 관계가 힘들어. 나는 원래 사회성이 없어"라고 말하는 사람이 있습니다. 이런 사람은 누군가와 함께 있는 것이 힘듭니다. 친구 관계나 조직 생활에도 어려움을 겪습니다. 심성이 착하고 실력도 있는데 사람들과 어울리지 못하고 힘들어하는 모습을 보면 안타깝습니다. 게다가 본인 스스로가 자기는 원래 그런 사람이라고 체념하고 자책하기도 합니다.

대인 관계에서 유리한 성격이 있고, 불리한 성격이 있을까요? 대인 관계란 말 그대로 상대적인 것이라서 반드시 원래 그런 것은 없다고 생각합니다. 원래 그렇다고 생각하는 사람은 개선할 의지도 없고, 스스로 주눅 들기 쉽습니다.

4부에서 좀 더 상세하게 다루겠지만, 우선 대인 관계는 성격 탓이 아니라고 믿는 것이 좋습니다. 나는 이런 사람이라서'가 아니라 '이렇게 표현하기 때문에'로 생각의 방향을 바꾸는 것이죠.

성격과 기질은 비슷한 것 같지만 다릅니다. 사람마다 선호하는 단어가 다르거나 혼용하여 사용하기도 하므로 상황에 따라 같은 의미로 사용되기도 하지만, 이 두 말의 차이를 아는 것은 중요합니다. 기질은 유전적인 것으로 전 생애에 걸쳐 일관되게 이어집니다. 어떤 자극이 오면 본능적으로 반응하는 정서를 말합니다. 기질은 몸이 저절로 기억하는 것입니다. 반면 성격이란 후천적인 환경에 의해서 학습되어 의식적으로 반응하는 것입니다. 타고난 것이 아니라 사회 문화적인 영향으로 발달하고 성장하는 것입니다. 그러니까 성격은 변하지 않는 것이 아니라 변화시키고 성숙시켜나가는 것입니다. 따라서 '원래 이런 기질이었는데 살면서 이런 성격이 되었다'는 표현이 맞습니다.

아무튼 사람은 누구나 자신의 고유한 기질을 타고나며, 살면서 얻은 성격대로 살아갑니다. 그렇다고 그 기질과 성격만이 전적으로 그 사람의 삶과 대인 관계에 영향을 주는 것은 아닙니다. 같은 기질이라도 기질을 표현하는 방식의 차이에 따라 대인 관계의 모습이 달라지는 것입니다. 그러니까 원래 어떤 사람이기 때문이 아니라 표현하고 반응하는 수준과 방법의 차이에 따라 달라지는 것입니다. 이것은 배우고 익혀서 의식적으로 사용해야 합니다. 내향적인 사람이라도 진정성과 일관성을 바탕으로 좋은 인간관계를 만들 수 있으며, 외향적인 사람이라도 어긋난 방법으로 사람을 대하면 얼마든지 관계가 틀어질 수 있는 것이지요.

일찍이 칼 융의 심리 유형론을 기틀로 하여 사람의 성격 유형을 구분하고, 이것을 대인 관계와 소통에 접목한 덕택에 요즘 사람들은 기질 내지 성격에 대한 지식과 정보를 많이 갖고 있습니다. 소위 MBTI, DiSC, 에니어그램, 도형심리, 지문적성, 체질심리, 인상학 등 사람을 분류하고 분석하는 방법이 무척 많습니다. 그런데 그 특성에 주목할 필요는 있지만, 거기에 얽매이고 고착화시키는 것은 편견으로 작용할 수 있습니다. 기질이든 성격이든, 사용 방법과 의식 수준이 인간관계에 더 큰 영향을 주기 때문입니다. 마치 간디와 히틀러가 같은 기질적 성향을 갖고 있었지만, 세상을 살면서 전혀 다른 영향을 미친 것은 그들의 의식 수준이 달랐던 이유와 같은 이치입니다. 그러니까 원래 그런 사람이라고 미리 포기하거나 의기소침해할 필요는 없습니다.

"기질이나 성격이 아니라 수준이 중요합니다."

몇 년 전에 아내와 차를 타고 가다가 무슨 이야기가 나왔습니다. 저는 이야기 도중에 앞뒤가 맞지 않는다고 자꾸 태클을 걸었습니다. 그러자 아내는 의도가 그게 아니라는데 왜 자꾸 그러느냐고 시큰둥해졌습니다. 오래전의 일이라 어떤 주제였는지 기억도 안 날 만큼 별일 아닌 것이었습니다. 하지만 그날 차 안에서 우리 두 사람 사이에 찬바람이 쌩쌩 불었던 기억만은 생생합니다. 아주 긴 터널을 걷는 답답함이 느껴졌습니다. 결국 목적지 도착 직전에 제가 사과를 하고 나서 겨우 마무리를 지었습니다. 당시에도 아차 싶었지만 지금 생각해도 제 실수가 확연한 이유는 지극히 이성형인 제가 지극히 감정형인 아내의 화를 돋구었던 것입니다.

저는 논리적으로 이해가 안 되면 대화가 진전되지 않습니다. 그런데 아내는 수치보다는 의도나 배경이 더 중요하다고 여기는 스타일입니다. 그러면 제가 상황에 맞게 응수하고 아내의 의도에 초점을 두면 될 일을 기어코 따지고 들다가 기분을 망치게 만든 것이었죠.

이성형의 사람은 사실에 주목합니다. 사실에 문제가 있으면 대화가 진행이 안 됩니다. 그런데 감정형은 사실만 갖고는 대화할 에너지가 안 생깁니다. 감정형은 공감과 해석이 중요합니다. 아무리 맞는 말이라도 공감하지 않고 해석의 의미를 수용하지 않는 상대에게는 답답함을 느낍니다. 그렇다면 각자의 기질과 성격을 무기로 내가 옳다고 할 것이 아니라 상대방의 성향에 적합한 접근을 하는 것이 현명하고 수준 있는 사람의 태도일 것입니다.

옳은 말을 하기보다 올바르게 말하는 것이 더 중요합니다. 소통과 관계는 옳고 그름이 아니라 어떻게 접근하고 표현하느냐에 따라 결정됩니다. 앞에서 인간은 상호 의존적이라고 했습니다. 상대방에 초점을 맞추는 것이 결국 자신에게 초점을 맞추게 하는 것입니다. 성숙한 사람은 이걸 잘합니다.

저는 언제 밥 한번 먹자고 인사하고 나서 헤어지면 곧바로 연락을 합니다. 날짜를 언제로 잡을지 물어보는 것입니다. 저한테 인사치레로 밥 한번 먹자고 이야기했다가는 반드시 밥 먹자는 연락을 받게 됩니다. 제가 지극히 이성형인 사람이기 때문입니다. 감정형은 상황이 되면 언제고 밥 한번 먹을 수 있는 사이임을 말한 것뿐일지도 모릅니다. 그런데 저처럼 이렇게 훅 들이밀면 당황할 법도 합니다. 그래서 이제는 저도 연락을 해도 될 만한 관계로 진전이 되었는지 몇 번 더 생각한 한 후에 연락을 합니다. 저도 관계에서의 상대성 원리를 깨닫고 나름 상대를 배려하는 것이지요.

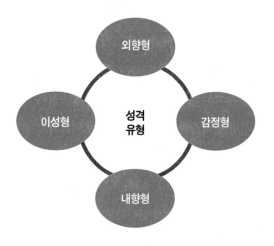

에너지와 관심의 방향을 토대로 구분해보면 외향형과 내향형이 있습니다.

비교적 많이 알려진 바 대로 외향형은 외부에서 에너지를 얻는 스타일입니다. 가둬두면 답답해서 불편한 유형이지요. 흔히 밖에서 누군가와의 교류를 통해 에너지를 얻습니다. 따라서 사교성이 있는 사람으로 분류됩니다. 심리학자 융에 의하면 외향형은 결정이나 행동을 객관적 기준에 따르는 경향이 있어 남들이 좋다면 좋은 것으로 여깁니다. 순응하지만 적응하지 않는 타입입니다.

반면 내향형은 본인 내부에서 에너지를 받습니다. 조용하게 혼자만의 시간을 통해 에너지를 충전합니다. 그렇다고 외부 활동이나 사교적인 자리를 전혀 즐기지 않는 것은 아닙니다. 다만 외부 활동을 마치면 혼자서 정리하고 쉬는 시간을 가져야 에너지가 재생되는 것입니다. 내향형은 주관적 태도를 중시하여 남들이 좋다고 해도 자신의 판단에 맞지 않으면 좋아하지 않습니다.

여기에서 오해하면 안 되는 것이 외향형은 무조건 나돌아다니기를 좋아하고, 내향형은 사람들과의 교류를 싫어하는 것은 아니라는 점입니다. 대개의 사람들은 이 두 가지 성향을 모두 갖고 있지만, 어느 성향이 더 편안한지의 차이가 있는 것이므로 단편적으로 규정하여 사람을 대해서는 안 됩니다.

외향형의 사람으로 판단해서 무조건 밝고 가볍게 대했다가 상대방의 내면적 공허함에 집중하려는 의도를 놓치는 일도 있을 수 있습니다. 내향형의 사람이라고 소극적이고 혼자 있기를 좋아할 것으로 생각했다가는 좋은 교류의 기회를 놓칠 수도 있습니다. 저는 내향적이지만 매일같이 낯선 교육생들이나 고객들과 만나 강의와 대화를 이끌어가면서 분위기를 주도합니다. 하루에 수백 킬로를 운전해서 전국 여러 곳을 다니기도 합니다. 성향에 어울리지 않을 것 같은 직업이지만 내면의 또 다른 성향과 직업 의식이 발동하여 전혀 피곤하지 않습니다. 간혹 내향형이라고 생각되지 않는 행동을 보이기도 해서 주변에서 헷갈린다고도 합니다. 이처럼 원래 성격이 그런 것보다는 사회화 과정에서의 학습과 훈련, 그리고 자긍심에 의한 외적 표현 등이 인간관계에 더 크게 영향을 준다는 사실에 주목하여 공연히 용기를 잃지 않았으면 좋겠습니다. 사람은 누구나 자기 하기 나름입니다.

변하지 않으면 사람이 아니다

변질되지 않되 변화하는 삶이 유연하고 행복합니다. 사람들이 이상해졌다고 생각할까봐 변화를 두려워한다면 그런 오해는 내려놓아도 됩니다. 사람들은 나의 변화에 그다지 민감하지 않습니다. 심지어 지나치게 무관심하기도 합니다. 청소년기의 심리적 착각 가운데 '상상 속의 청중'도 있지만, 우리를 관심 있게 지켜보는 타인은 현실적으로 그렇게 많지 않습니다. 대부분의 타인은 나의 변화에 맞춰지거나 적응하게 되어 있습니다. 따라서 타인의 시선을 의식해서 변화를 주저하지는 않아도 됩니다. 아니, 오히려 적극적으로 변화에 노출시킬 것을 권해드립니다. 적절히 변화를 즐기면서 새로운 관계를 만드는 계기를 마련하는 것도 삶의 활력소가 됩니다.

노인이 되면 살던 집이나 지역을 떠나려 하지 않습니다. 낯선 상황이 부담스럽고 싫은 것입니다. 새롭게 적응하는 데 어려움이 예상되니까 싫은 것이죠. 이런 현상을 '심리적 최적화'라고 합니다. 나이를 먹을수록 익숙한 일만 고집하고, 그런 일을 통해서 여전히 인정받고 싶은 심리를 말합니다. 그래서 직장에서도 젊은 직원들보다 나이 든 상사들이 변화에 부정적이거나 소극적입니다. 늘 그래 왔던 그대로 계속 이어지길 바랍니다. 한마디로 변화가 불편한 것이지요. 그래서 변화를 외치면서도 남들이 변하기만 기대합니다. 원래 변화는 필요하다면서도 자신이 변화되는 것은 두려워하는 것이 인간의 본성입니다. 관계에서도 마찬가지입니다. 변화를 두려워하면 새로운 관계를 만들기가 어렵습니다.

변화하려면 먼저 인식의 전환이 필요합니다. 관점의 전환이 필요하지요. 그런데 이게 생각보다 쉽지 않습니다. 인식의 관성을 벗어난다는 것이 꽤나 어려운 일입니다. 미국의 연중 무휴 휴양지이자 억만장자들의 은퇴 후 이주지로 유명한 선 밸리의 역설이 있습니다. 55세 이상만 입주하는 그곳은 부자들을 위한 최신식 시설로 이루어졌습니다. 시끄러운 소음도 없고, 노점상이나 노숙인도 없습니다. 자동차 소음도 최소화하기 위해 속도 제한이 철저한 청정지역입니다. 그런데 온갖 편의시설과 의료시설이 갖춰진 그런 곳에서 치매 발병률이 다른 곳보다 훨씬 높게 나와서 충격이었습니다. 이유는 3무無 때문이었습니다. 스트레스, 걱정, 변화가 없는 3무의 도시에 역설적으로 치매가 만연한 것입니다.

변화는 불편한 것입니다. 그런데 그게 변화의 속성임을 받아들여야 합니다. 어차피 불편할 수밖에 없는 변화를 과감하게 먼저 받아들이면 오히려 편합니다. 당나라의 《임제록》에는 '수처작주 입처개진隨處作主 立處

隨處'이란 말이 나온답니다. '어디서든 주인의식을 가진다면 모든 곳이 참되다'는 의미인데, 결국 주도적이고 주체적으로 살아가면 무슨 일이든 잘될 것이라는 뜻으로 해석하면 크게 무리가 없겠습니다. 여기에서 '수처'란 단지 공간적 의미만이 아니라 상황적 의미도 포함합니다. 추사 김정희가 제주도에서 9년의 유배 생활을 하면서 추사체를 완성했고, 조선 최고의 천재로 손꼽히는 다산 정약용도 유배지에서 18년 동안 《목민심서》 등 500여 권의 저술 활동을 했습니다. 그들에게 유배지는 '수처'였고, 그곳에서 그들은 '작주'하여 결국 '개진'의 경지를 맛본 것입니다. 원하지 않았던 변화도 이렇게 승화하여 선용하는데 하물며, 주도적인 변화는 어떤 결과를 만들겠습니까?

"주인의식을 갖고 주체적으로 살아가면 모든 것이 참이 된다."

관점을 바꾸는 삶이 말처럼 쉽지는 않습니다. 하지만 그런 변화가 삶을 바꾸는 기회를 가져옵니다. 1850년대에 엘리베이터를 발명하여 세상에 처음 내놓았을 때 고객들의 만족도는 매우 낮았습니다. 속도가 너무 느린 것이 불만이었습니다. 아무리 속도 장치를 개선해도 불만이 사라지지 않던 차에 의외의 방법으로 불만을 잠재웠습니다. 바로 엘리베이터의 내부 벽면에 거울을 붙인 것입니다. 이전에 없던 거울이 내부에 생기자 사람들은 자신의 모습을 거울에 비춰보면서 속도에 둔감해졌습니다. 이것이 바로 관점을 바꾸자 생긴 일입니다. 거울 이야기가 나와서 생각이

나는데요, 사람들이 화장실 거울에 립스틱 자국을 너무 많이 묻혀 문제가 되던 터에 이를 한 방에 해결한 에피소드가 있습니다. 화장실 바닥을 닦던 대걸레로 거울을 닦았더니 그 광경을 본 이용자들이 립스틱을 묻히는 일이 곧바로 없어졌던 것입니다.

따뜻한 인간관계와 보편적 친절함을 위해서도 변화는 필요합니다. 관점이 달라지면 관계도 달라질 수 있습니다. 사람과 사건을 대하는 인식이 달라지면 반응이 달라지기 때문입니다. 변화는 유연함을 만들어냅니다. 그리고 폭넓은 사고를 가능하게 합니다. 결국 관계에 있어서의 편견을 없애거나 줄이게 되는 것입니다. 경직된 사고를 하는 사회는 관계가 좁을 수밖에 없습니다. 자신의 관점과 기준을 바꾸려 하지 않기 때문에 늘 같은 관계에서만 살거나 다른 관점의 사람과 갈등하게 됩니다. 특히 한국인들은 정서상 관계 지향적인 관점으로 살아갑니다. 나 자신 위주로 사는 서양과 달리 연대감 속에서 살아가는 한국인들에게는 소외감이 가장 두려운 감정입니다. 노년에 접어들면서 노화와 퇴화의 경계에 있는 분들은 더욱 관계와 소속감에 집착합니다.

어느 시골에서 평생 사과농장을 일구어온 94세의 아버지가 이제는 힘에 부치니까 농장을 그만하시라는 중년의 아들과 갈등이 생겼습니다. 아들은 아버지가 다칠까봐 염려하여 농장 일을 그만하시라는 것이고, 아버지는 아직 움직일 힘이 있으니 더 하겠다는 것이었습니다. 결국 아들이 포크레인으로 농장을 엎으면서 사과나무를 제거하다가 아버지와 이야기를 나누게 되었습니다. 사과나무는 아버지에게 삶의 증거이자 희망이었습니다. 농장 운영 자체가 아니라 그저 살아온 삶의 추억이고, 의지할 대상이었던 것입니다. 아들은 아들 나름대로 90이 넘으신 아버지의 건강과 부상의 위험이 눈에 보였습니다. 서로 대화를 통해 사과나무와 농장 일에 대한 관점을 공유하고 소일거리 삼아 몇 그루만 남기는 것으로 타협을 했습니다. 그들이 밝은 얼굴로 거친 두 손을 맞잡고 과수원을 함께 바라보던 어느 다큐멘터리가 생각납니다.

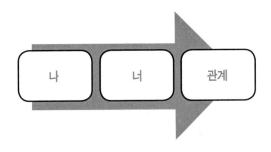

소통 없이는 관계가 만들어지지 않습니다. 그런데 소통에 대한 관점도 사람마다 달라서 부딪히는 일이 생기는 것입니다. 진정한 소통은 자신의 의견을 관철시키는 것이 아니라 반대되는 의견도 받아주는 것입니다. 내 생각과 다른 의견도 충분히 들어주는 것이 진짜 겸손입니다. 자신의 관점과 다르다고 자신을 공격하거나 적대적이 되는 것은 아님을 인정하는 자세가 필요합니다. 똑똑한 사람은 자신의 의견을 일관되게 고수합니다. 그런데 진짜 똑똑한 사람은 타인의 의견도 수용합니다. 유연함이 있는 것이지요. 자신의 과거 의견을 수정하는 데 거부감이 없습니다. 그때는 그랬는데 지금은 아닐 수도 있음을 인정하는 용기도 실력입니다.

또 사랑에 대한 관점은 어떻습니까? 내가 좋아하는 것을 주는 것이 사랑은 아닙니다. 상대방이 좋아하는 것을 주는 것이 사랑입니다. 평생을 주고서도 고마워하지 않는다고 서운해하거나 주고도 욕을 먹는 일이 있습니다. 이럴 때에는 누구에게 좋은 것을 주었는지 되돌아봐야 합니다. 사랑의 5가지 언어처럼 상대방의 사랑에 대한 정확한 이해가 중요합니다. 스피노자는 사랑이란 '너와 함께할 때의 기쁨'이라고 했습니다. 나와 함께할 때가 아닙니다.

말 한마디만 바꾸면 달라진다

"도대체 생각이 있는 거야, 없는 거야?" "요즘 집이 싫은가봐?" 일상에서
한두 번 듣거나 해봤음 직한 말입니다. 그런데 이런 말 한마디가 관계를
깨뜨립니다. 행복하고 따뜻한 관계를 위해서는 관점을 바꾸는 변화에 이
어 실제적인 말 한마디를 바꾸는 시도가 필요합니다. 자세만 갖고는 결
과를 만들 수가 없습니다. 행동이 필요한 것입니다. 가까운 사이라도 관
계를 깨지게 만드는 것은 '무슨 말을 했느냐'보다는 '어떻게 말했느냐'입
니다. '어떤 말투와 표정으로 했느냐'도 크게 영향을 끼칩니다. 말 한마디
로 천 냥 빚을 갚는 게 공연한 일은 아닙니다.

　많은 부부들의 대화를 관찰해보면 우선 말투가 아슬아슬합니다. 선으
로 표현하자면 일단 직선적입니다. 날카로운 직선으로 좋은 대화를 이어
가기는 어렵습니다. 온갖 스트레스와 업무의 짓눌림 속에서 하루를 지내
고 집에 왔는데 직선의 말투가 반가울 사람은 없습니다. 조금만 억양과

톤을 누그러뜨려서 곡선의 대화를 해보세요. 내용은 하나도 변한 게 없는데도 확실히 좋은 분위기를 만들 수가 있습니다. 짧고 날카로운 직선의 말투를 곡선으로 둥글게 바꾸어 느긋하게 전달하는 작은 시도가 관계를 부드럽게 합니다. 직선이 강한 것이 아니라 곡선이 강할 수도 있는 것입니다. 특히 부정적인 감정일 때에는 의도적으로 곡선의 표현을 해보세요. 감정이 치미는데 그게 가능하냐고요? 그래서 인격이 중요한 것입니다. 언어는 그 사람의 인격입니다.

호메로스의 《일리아드》에는 분노가 현명한 사람도 거칠게 하고, 마음속에서 연기처럼 커져간다고 했습니다. 분노 같은 부정적인 감정에 휩싸였을 때 오히려 곡선의 화법이 필요합니다. 그리고 이것은 관계에 매우 효과적입니다. 친구를 죽인 헥토르를 극도의 분노 속에서 죽이고도 분이 안 풀려서 시체를 마차로 끌고 다닐 지경이었던 아킬레우스. 그런데 트로이의 왕이자 헥토르의 아버지 프리아모스가 찾아와서 아들의 시체를 거둘 수 있게 해달라고 요청합니다. 자신의 아들을 죽인 아킬레우스 앞에 조용히 무릎을 꿇고 그의 손에 입을 맞추며 늙은 아버지의 마음을 헤아리고 시체를 돌려달라고 간절히 부탁합니다. 그 순간 분노에 휩싸여 주체하지 못했던 아킬레우스의 마음에 감동이 밀려오고 마침내 시체를 수습해서 돌려주게 됩니다.

타인과의 관계를 돕는 화법은 존중하고 공감하는 것입니다. 지시하고 가르치는 말은 옳기는 해도 듣기는 싫습니다. 요즘 우리 사회에서 세대 간의 갈등이 가정이나 직장에서 심화되는 이유 중의 하나는 이런 말투의 차이도 한몫합니다. 밀레니얼 세대의 인터넷 세계는 기성 세대가 상상 못할 정도입니다. 인터넷 세상은 수평적인 관계의 세상입니다. 나이나 직위가 서열을 정하지 않습니다. 오히려 젊은 세대가 선배 세대를 가르칠 수도 있는 공간입니다. 그런 세계를 통해서 소통하고 생활하는 젊은 세대에게 훈계나 지시는 불편함만 안겨줍니다. 그 대상이 부모나 직속 상사라 하더라도 마찬가지입니다. 인격적으로 인정하고 존중하며 오픈마인드로 대해야 합니다. 때로는 버르장머리 없다고 기분 나빠하기도 하지만 이게 현실입니다.

"공감과 존중의 한마디가 관계를 만듭니다."

가끔 의도하지 않게 말 한마디가 꼬여서 관계를 해치는 일도 있습니다. 몸살로 힘들어하는 친구에게 위로와 기분 전환을 목적으로 이렇게 한마디 건넵니다.

"나는 지난번에 병원에서 링거 맞으면서도 업무 다 했어. 그 정도는 괜찮아, 힘내."

이게 위로가 될까요? 재수하는 아이 문제로 고민하는 부모에게 대학 안 나와도 잘 살 수 있다는 말이 위로가 될까요? 타인의 아픔에 공감하는 말 한마디가 먼저 나오지 않으면 상대방에게 위로가 되지 않습니다. 아무리 좋은 정보라도 상대방이 마음을 열지 않은 상태에서는 전달되지 않습니다. "그러길래 내가 뭐랬어!"보다는 "속상해서 어쩌지?"가 먼저입니다. 먼저 공감과 존중을 표현해보세요. 그다음에 내가 할 말을 하는 것이 순서입니다. 그런 한마디면 충분합니다.

우리의 말투를 분석해보면 의외로 지시형과 공격형 말투가 많습니다.

"낚시랑 결혼하지 그랬어?"

"밖에서 하듯이 집에 와서도 그렇게 좀 잘해봐."

"일처리 좀 똑바로 해."

이런 말투가 지시형, 공격형 말투입니다. 물론 앞뒤 상황이 분명히 있겠지만 이런 말투로는 따뜻한 관계는 물 건너갑니다. 불 속에 기름을 끼얹는 꼴이 되기 십상입니다. 이런 경우에도 그저 한마디만 바꾸면 됩니다. 바로 요청형으로 바꾸는 것입니다.

"주말에는 나랑 같이 있는 시간을 가졌으면 좋겠어."

"봉사 활동도 좋지만 집에서도 일을 같이 해주면 좋겠어."

"회의 자료는 하루 전에 마무리해주면 좋겠는데?"

어떻습니까? 의도는 전달하면서도 상대방과의 관계를 깨지 않게 되겠죠? 여기에 곡선의 톤으로 말한다면 금상첨화입니다. 세상의 이치는 의외로 간단한데 단지 습관이 안 된 경우가 많을 뿐입니다. 약간의 주의 집중으로 누구나 할 수 있는 일입니다.

제 큰아들이 유치원에 다닐 때니까 벌써 20년이 흘렀습니다. 어느 추운 겨울날 아내가 감동했다며 이야기를 전했습니다. 늦은 오후에 큰애를 데리고 집에 오는데 워낙 눈바람이 심해서 아내의 털코트로 감싸면서 "경찬아, 따뜻하지?"라고 말했답니다. 그때 아들이 "엄마, 난 엄마의 마음이 더 따뜻해요"라고 하는데 세상 감동받았다고 했습니다. 언젠가 강의 시간에 때려치우는 일은 언제든 할 수 있는 일이니 가장 나중에 하라는 말을 했습니다. 그런데 강의를 마치고 나오는데 한 분이 다가와서 정말 때려치우려고 했는데 강의를 듣고 나서 힘을 내게 되었다고 고마워했던 일도 있습니다. 별것 아닌 듯한 말 한마디가 누군가에게는 그 어떤 것보다 큰 힘이 되기도 합니다. 말은 '마음의 알'이라고도 합니다. 친절하고 소중한 말 한마디를 나누어 행복하고 따뜻한 관계를 이어가는 슈퍼 커넥터가 늘어나면 좋겠습니다.

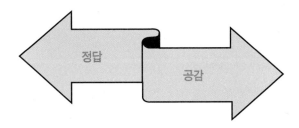

이제 정답은 어디서든 찾을 수 있는 시대가 되었습니다. 검색창에 넣으면 뭐든 답이 나오는 세상이니까요. 굳이 정답을 찾으려고 사람과 부대끼지 않아도 됩니다. 이래서 요즘 강의하기가 점점 힘들어진 것도 사실이지만요. 어쨌든 사람들이 진짜 원하는 것은 정답이 아니라 공감입니다. 나의 올바른 반응이 상대방에게는 그 어떤 정답보다 더 힘이 되고 기쁜 것입니다.

생존의 시대에서 소유의 시대를 거쳐 이제는 공유의 시대입니다. 어떻게든 먹고사는 일에만 관심을 두지는 않습니다. 그리고 나 혼자 움켜쥐려고만 해서도 안 됩니다. 이제는 나눠야 되는 시대입니다. 관계에서도 그렇습니다. 공감하고 위로하면 나에게도 그렇게 돌아오게 되어 있습니다. 이런 선순환의 강화를 위해 나의 말투 하나 바꾸는 작은 실천이 모아져야 하겠습니다. 냉소적이기는 쉽습니다. 말 한마디의 변화로 따뜻한 관계를 이어가는 담대한 용기, 이게 필요합니다.

"가장 불행한 사람은 넘어졌을 때 일으켜줄 사람이 없는 사람이다. 내가 넘어졌을 때 이 사람이 내 손을 잡아줬다. 우리는 부부다."

"고마워. 갑자기 가슴 따뜻해진다, 별 대단한 말도 아닌데."

오래전에 방영되었던 〈따뜻한 말 한마디〉라는 드라마의 대사 한 구절입니다. 말 한마디가 사람을 일으켜 세우기도 합니다. 별로 대단한 말이 아니어도 사람을 따뜻하게 만듭니다. 정답과 방법은 인공지능으로도 충분합니다. 이제는 나의 따뜻한 말 한마디가 필요한 세상임을 기억해야 할 것입니다.

신발만 바꿔 신으면 되는 공감

"홍시여, 이 사실을 잊지 말게 너도 한때는 무척 떫었다는 것을"

일본의 셰익스피어라고 불리는 나쓰메 소세키의 한 줄 시입니다. 우리는 처음부터 홍시였다고 착각하는 일이 많습니다. 특히 조직에서 리더가 되거나 가정에서 부모가 되면 떫었던 그 시절을 잊게 됩니다. 처음부터 홍시였던 사람은 없습니다. 나훈아의 노래 중에도 〈홍시〉라는 노래가 있습니다. 부제는 '울 엄마'인데 가사가 참 공감이 갑니다. 저도 부모가 되어 자식을 키워보니 더욱 공감이 가네요.

"생각이 난다 홍시가 열리면 울 엄마가 생각이 난다 회초리치고 돌아앉아 우시던 울 엄마가 생각이 난다 바람 불면 감기 들세라 안 먹어서 약해질세라 힘든 세상 뒤처질세라 사랑 땜에 아파할세라"

여러분도 가사가 와닿는지요? 저는 부모의 마음이 공감이 되네요. 그런데 부모가 되기 전에는 그 심정을 알지 못하는 것이 인간의 한계인가

봅니다.

흔히 입장을 바꿔 생각해보라고 합니다. 갑자기 김건모의 〈핑계〉라는 노래도 떠오릅니다.

"내게 그런 핑계 대지 마 입장 바꿔 생각을 해봐 네가 지금 나라면 넌 웃을 수 있니"

그렇죠, 핑계를 대서는 안 되는 일입니다. 이 세상에서 핑계로 성공한 사람은 김건모뿐이라나요? 아무튼 우리는 그 입장이 되어봐야 훨씬 다른 면을 느낄 수 있게 됩니다. 입장을 바꿔 생각하는 것을 '공감'이라고 합니다. 공감이란 단어의 어원은 '남의 신발을 신다'라는 말이랍니다. 남의 신발을 신어보지 않고서는 진짜 공감을 못하는 것이지요. 바꿔 말하면 공감이란 그저 상대방의 신발을 신어보는 것입니다. 공감 없이 좋은 관계를 만들어갈 수는 없습니다. 조직의 리더로서 공감력이 부족하다면 좋은 리더가 되기 힘듭니다. 좋은 리더란 그저 마음씨 착한 리더가 아닙니다. 목표를 달성하고 성과만 낸다면 좋은 관리자는 되겠지만 리더라고는 할 수 없습니다. 공감력이 결여된 리더는 회사에 오히려 해를 끼치게 됩니다.

공자가 말하길 "후목불가조朽木不可雕"라고 했습니다. 썩은 나무로는 조각을 할 수 없다는 말이지요. 기본적인 자질과 태도 없이는 능력이 있더라도 좋은 리더가 되지 못한다는 말로 해석할 수 있겠습니다. 옥스퍼드 대학교의 오스본 교수는 미래 인재의 조건으로 창의성과 정서 지능을 꼽았습니다. 그리고 긍정심리학의 대가인 다니엘 골먼은 리더십의 핵심으로 공감 능력을 콕 집었으며, 선교학으로 유명한 루스 터커 교수가 제시한 5가지 리더십의 조건에도 유능함과 함께 공감이 포함되어 있습니다. 너나없이 리더십의 중요성을 말하는 시대에 리더십의 요체로서 공감이 손꼽히는 상황인데도 정작 현실에서는 여전히 성과와 능력만을 주목합니다. 이것은 뭔가 앞뒤가 맞지 않습니다.

"미래 리더의 핵심 조건은 공감 능력입니다."

남편과 사이가 안 좋아서 고민이라는 친구에게 그래도 네 남편은 연봉이 높으니 그게 어디냐고 한다면 전혀 공감을 못하는 것입니다. 그래서 대개 이런 경우에 그럼 네가 한번 살아보라고 찬바람을 일으키는 반응이 돌아오는 것입니다. 고부 간의 갈등으로 힘들어하는 며느리에게 노인네가 얼마나 더 사시겠냐며, 젊은 사람이 우선 참아야 한다고 훈수를 두면 이 또한 복장 터지는 일입니다. 일 년에 몇 번 명절에만 선물과 용돈으로 무장하고 다녀가는 사람들이 한 집에서 모시고 사는 사람에게 오랜만에 보니까 노인네들 힘이 많이 빠졌다며 잘해드리라고 한다면 목을 콱 조르고 싶을 것입니다. 시험을 망쳐서 고개를 못 들고 들어온 자녀에게 휴대전화 보는 시간의 절반만 공부해도 수도권 대학은 가겠다고 한 소리한다면 아이들은 아예 휴대전화 속으로 기어들어가서 안 나오고 싶을 것입니다. 공감 없이는 소통이 없고, 소통 없이는 관계도 없습니다.

공감 능력이 없는 사람은 위험합니다. 사회성은 공감에서 나옵니다.

자신의 고통에는 민감해도 타인의 고통에는 극히 무감각한 사람이 사회생활을 원만하게 하겠습니까? 이런 부류의 사람을 사이코패스라고 합니다. 그들은 결정적으로 타인에게 공감하지 못합니다. 그래서 연민과 배려가 없습니다. 정신적인 병리 현상이긴 하지만 공감력은 이렇게 중요한 관계의 연결 통로입니다.

공감력을 바탕으로 우리 사회는 유지되어왔고 발전해왔습니다. 침팬지도 상호 공감을 하고 도우며 삽니다. 침팬지 앞에 두 가지 칩을 놓고 선택에 따라서 먹이를 주는 실험을 했습니다. 이때 첫 번째 칩을 선택하면 먹이를 혼자만 먹게 주고, 두 번째 칩을 선택하면 옆에 있는 동료도 같이 먹도록 먹이를 주었습니다. 그러자 나중에는 침팬지가 두 번째 칩을 선택하는 것이었습니다. 혼자 먹어도 아무 문제가 없는 상황인데 자꾸 두 번째 칩을 선택했습니다. 자기보다 서열이 낮은 침팬지가 옆에 있어도 선택은 달라지지 않았습니다. 침팬지들도 상대방의 입장을 생각하고 공감하는 것입니다. 하물며 호모 사피엔스라는 인간은 어때야 할까요?

자녀를 키우다 보면 야단을 치기도 하고, 벌을 세우기도 하면서 바르게 자라도록 애를 씁니다. 그런데 지나고 보면 꼭 그래야만 했을까 싶은 일들이 너무 많습니다. 그때는 그게 옳다고 생각했지만 지나고 보니 그럴 필요가 없었던 일들 말이죠. 직장에서도 마찬가지입니다. 그때 후배 직원에게 그렇게까지 할 필요는 없었는데 하는 생각이 드는 경우가 있습니다. 입장을 바꿔서 생각해보면 상당 부분 그들의 상황을 이해할 수 있었는데 입장을 안 바꿔본 것입니다. 옳은 부모보다 공감하는 부모가 먼

저 필요합니다. 유능한 리더보다 공감하고 함께 걸어가는 리더가 먼저
되어야 합니다. 이런 부모나 리더가 되라고 하면 성과를 염려합니다. 일
을 망칠까봐 걱정합니다. 그들을 믿어야 합니다. 그리고 자신을 믿어야
합니다. 때로는 담대한 낙관자가 되어도 좋겠습니다.

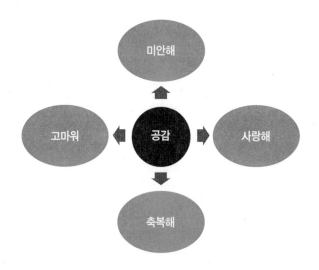

　미안하다고 말해보셨습니까? 누군가에게 미안하다고 사과하기가 생
각보다 쉽지 않습니다. 용기가 많이 필요하기 때문입니다. 체면 때문에
차마 미안하다고 말하지 못하기도 합니다. 그래서 속이 불편한데도 미안
하다는 말을 못합니다. 계속 그러면 좋은 관계를 만들지 못합니다. 미안

함을 깨닫고 느꼈다면 솔직하게 미안하다고 말해야 합니다. 자녀에게든 후배 직원에게든 마찬가지입니다. 미안하다고 말해도 우리는 죽지 않습니다. 그런데 미안하다는 말을 들어야 할 사람이 그 말을 못 들으면 그들은 죽을 수도 있습니다. 역지사지의 마음이 되려면 미안하다고 말할 수 있어야 합니다. 그래야 관계가 회복되거나 발전합니다.

고맙다는 말도 마찬가지입니다. 쑥스러워서 고맙다고 말하지 못하거나 습관적으로 그냥 지나쳐서 고맙다고 말하지 못하면 따뜻한 관계로 깊어지지 못합니다. 우리 사회는 고마움을 표현하는 문화가 많이 약합니다. 고맙다는 말을 듣지 못하고 살았기 때문에, 꼭 말을 해야 아느냐는 인식 때문에, 왠지 유난스러워 보인다는 선입견 때문에 고맙다고 말하지 않습니다. 간혹 고맙다고 말하면 버릇없어질까봐 안 한다는 경우도 있습니다. 또 그 정도는 우리 사이에 당연한 것이라고 여깁니다. 내가 힘들게 번 돈으로 학원비를 대주었는데 그 정도 하는 것은 당연하지 않느냐고 한다면, 자식을 낳았으면 부모가 그 정도는 해주는 게 당연하지 않느냐고 하겠지요. 당연하다고 생각하는 일도 고마움으로 관점을 바꿔보세요. 고마운 일들이 새삼 눈에 들어올 것입니다. 감사의 반대말은 당연함이랍니다!

낮추기보다 높이는 겸손

나보다 먼저

상대방의 입장을 헤아리는

사랑의 마음으로

사랑의 말을 하게 하시고

남의 나쁜 점보다는

좋은 점을 먼저 보는

긍정적인 마음으로

긍정적인 말을 하게 하소서

매일 정성껏 물을 주어

한 포기의 난초를 가꾸듯

침묵과 기도의 샘에서 길어 올린

지혜의 맑은 물로

우리의 말씨를 가다듬게 하소서

겸손이 그윽한 향기

그 안에 스며들게 하소서

이해인 수녀의 〈겸손의 향기〉라는 시의 일부입니다. 따뜻한 관계를 만드는 데 있어 빼놓을 수 없는 단어가 '겸손'인 것 같습니다. 사람과 사람 사이에 겸손 없이는 왠지 따뜻함이 없을 것 같아서입니다. 겸손이 미덕이라고 예로부터 전해지는 이유도 여기에 있지 않을까 싶네요. 그런데 겸손에 대해 오해하는 부분이 있습니다. 겸손이라고 하면 자칫 무능 혹은 무기력으로 비치기 쉽습니다. 또는 겸손을 자신 없음으로 생각하기도 합니다. 때로는 뭔가 비굴함이나 소신 없음을 떠올리기도 하지요.

페르시아 전쟁에서 승리한 아테네는 부와 자유의 도시가 되었습니다. 저마다 치장을 즐기고 자신을 가꾸는 데 정신이 없었습니다. 거기에 소크라테스가 있었습니다. 소크라테스는 부와 치장에 전혀 관심 없는 삶을 살면서 사람들의 놀림거리가 되었습니다. 이런 소크라테스의 구차한 모습과 삶을 풍자한 연극이 공연되는 극장에 당사자인 소크라테스가 나타났습니다. 그는 연극을 보면서 자신에게 고칠 점이 있나 살피려고 왔으니 신경 쓰지 말고 평소처럼 연극을 즐기라고 군중들에게 태연하게 말했다고 합니다.

겸손이 자신을 돌아보는 것에서 출발하는 것은 맞습니다. 하지만 단지 자신을 낮추는 것만이 겸손은 아닙니다. 잘못하면 지나친 겸손으로 자신을 부정하거나 자기 파괴로 치달을 수도 있습니다. 겸손의 좋은 모습은 나를 낮추기보다는 상대를 높여주는 것입니다. 자신을 낮추지 않고도 상대를 높이는 겸손이 관계를 건강하게 만듭니다. 겸손의 초점을 자신을 낮추는 데 맞추는 것과 상대방을 높이는 데 맞추는 것은 커다란 차이가 있습니다. 상대방을 높이는 겸손이어야 존중하며 베풀고 나누거나 돕게 됩니다. 이것이 관계를 따뜻하고 건강하게 만드는 것입니다. 자신의 자존감을 해치지 않으면서도 상대방과 더불어 살아가는 따뜻한 관계의 성숙한 시민 사회는 이렇게 만들어지는 것이 아닐까요?

"겸손은 낮추는 게 아니라 높이는 것입니다."

인간관계의 황금률이라고 불리는 동서고금의 교훈들이 여럿 있습니다. 성경에는 "내가 대접받고 싶은 대로 남을 대접하라"는 유명한 말이 나옵니다. 공자는 "내가 하고 싶지 않은 일을 남에게 시키지 말라"고 했고, 불교에서도 "내가 하기 싫고 불쾌한 일은 남에게도 하기 싫고 불쾌한 일"임을 강조했습니다. 유명한 소피스트인 이소크라테스는 "내가 화가 날 것 같은 일은 남한테도 하지 말라"고 했습니다. 또한 힌두교에서도 "나에게 고통이 되는 일은 타인에게도 시키지 말라"고 합니다. 공통되는 메시지는 자신을 생각하듯 남을 생각하라는 것입니다. 앞서 언급한 역지사지의 마음을 바탕으로 존중의 겸손함이 나타날 때 진정한 관계의 끈이 튼튼해질 것입니다.

그동안 우리 사회에서의 겸손은 나를 낮추는 쪽이었습니다. 그래서 자신을 표현할 때에도 부족하고 모자란다고 합니다. 어느 분야의 경지에 오른 전문가임에도 항상 "이렇게 부족하고 미욱한 제가…"라고 표현하지요. 자신의 가족을 표현할 때에도 낮추어 말하는 것이 예의라고 배워왔습니다. 가끔 이게 지나쳐서 '우리나라'를 '저희 나라'로 잘못 표현하는 사람이 있을 정도입니다. 낮춤 표현으로 겸양의 미덕을 보이는 것이 몸에 뱄기 때문입니다. 이제는 다른 면으로 겸손을 바라보는 것도 필요한 시대입니다. 나를 낮추어 자존감도 낮아진다면 반대로 상대를 높여서 존중과 겸손을 같이 드러내는 것이 좋습니다. 이런 겸손이 배려의 행동으로 이어지면서 사회적 자본으로 축적된다면 더없이 좋을 것입니다.

기업에서의 리더십도 마찬가지입니다. 최근의 많은 연구와 사례를 보더라도 리더십의 핵심에 존중과 겸손이 자리 잡고 있습니다. 리더가 구성원을 존중하지 않거나 무례하게 대하면 일부러 업무를 태만하게 하게 된다고 합니다. 조지타운 대학교의 연구에 따르면 이럴 경우 일부러 품질 저하를 일으키고, 조직에 대한 헌신이 하락하는 결과가 측정되었다고 합니다.

겸손한 리더는 상대방의 의견을 존중하고 경청합니다. 이견이 있더라도 끝까지 들어주는 것입니다. 또 조직 구성원 한 사람, 한 사람을 소중하게 여기며 그들의 노력과 성과를 공정하게 평가해줍니다. 이런 겸손의 리더십이 진짜 조직의 경쟁력을 높이는 것입니다. 그러면 성과도 당연히 따라오게 되어 있습니다.

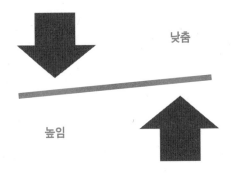

하긴 상대방을 높이는 표현과 지나친 고객 만족 서비스 정신이 결합되어 잘못된 표현이 속출하는 부작용도 있습니다. 물건을 사거나 무엇인가 주문을 하고 카운터에서 종종 듣게 되는 "라떼 한잔 나오셨습니다", "고객님, 2만 원이십니다"와 같은 표현은 물론 곤란하겠지요. 이런 표현으로 존중받고 높임받는다고 느껴지는 않습니다. 무슨 일이든 과유불급이라고 지나치면 모자람만 못한 것입니다. 상대에 대한 높임으로 자신도 지키고 상대와의 관계도 긍정적으로 만들어가는 지혜와 적용이 필요합니다.

일찍이 노자는 물과 같은 낮아짐의 원리를 강조하기도 했습니다. 낮은 곳으로 향하고, 부딪히면 돌아가며 담긴 그릇의 모양에 맞추는 물의 원리가 최상이라서 '상선약수上善若水'라고 했지요. 원래 법法이란 말도 '물 수水'에 '갈 거去'가 합쳐진 것으로 물 흐르듯 순리대로 한다는 의미에서 나왔습니다. 요즘 이런 본래의 의미를 알기나 하고 법대로 하라는 사람이 그렇게 많은 것인지 의문이긴 합니다. 어쨌든 낮춤의 미학을 전적으로 부정하려는 것은 아닙니다. 하지만 겸손의 관점을 높임으로 바꾸는 것으로 새로운 관계를 형성하고 확산시키는 것도 분명 가치 있는 일이라고 생각합니다. 자기 비하적인 낮춤에서 벗어나 상대방을 높임으로써 서로가 행복한 겸손의 실천을 제안해봅니다.

군림君臨하지 말고 군림群臨하라

"군림君臨하지 말고 군림群臨하라."

초대 국립생태원장을 지낸 생태학자 최재천 교수의 경영 십계명에 나오는 말입니다.

이미 그분의 강연과 책에서 여러 번 접했던 말인데, 리더십을 주제로 강의하는 저에게는 늘 뇌리에서 떠나지 않는 말입니다. 한글로는 같은 글자이지만, 한문은 다르게 표기합니다. 제가 미래의 리더십을 생각할 때, 그리고 여러 기업을 다니면서 리더십을 주제로 강의하거나 면담할 때 언제나 떠오르는 말입니다. 아직도 우리의 리더십에 대한 인식은 전자의 군림이 현실적으로 많습니다. 소위 성공했다는 리더에게서 특히 더 많이 나타납니다. 방송이나 대외적으로 알려진 모습과 현업에서 만나는 리더의 모습이 다른 경우도 꽤 많습니다. 대개 본인의 리더십을 최우선으로 내세우며 조직을 일방적으로 장악하려고 합니다.

리더가 된다는 것은 누구 위에 혼자 우뚝 서는 군림君臨이 아니라 누군가와 함께 서는 군림群臨이어야 합니다. 생태학자답게 최재천 교수는 자연에서 경영과 삶의 인사이트를 얻습니다. 그의 책 중에《손잡지 않고 살아남은 생명은 없다》라는 제목의 책도 있습니다. 25만 년 인류 역사를 자랑하며 호모 사피엔스라고 자칭하는 똑똑한 생명체로 군림하지만, 사실은 지구상에서 무게가 가장 무거운 좋은 꽃을 피우는 현화식물이고, 면적을 가장 많이 차지하고 있는 좋은 곡물류랍니다. 개체수로 가장 많은 좋은 곤충이고요. 이들은 인간 수준의 기술과 문화 없이도 어떻게 그 오랜 세월을 살아남았을까요? 그것은 바로 서로 손잡고 도우며 살았기 때문입니다. 인간에게 상생이 있다면 자연에는 공생이 있는 것입니다. 자연의 공생 원리가 그토록 질긴 생명력을 간직하게 만들었습니다.

이쯤에서 영화나 드라마의 몇 장면을 살펴보겠습니다. 먼저 안시성 전투에서 당나라 대군을 물리치고 승리를 이끌어낸 양만춘 장군. 당시의 역사적 기록이 많지 않음에도 〈안시성〉이란 영화를 비교적 사실에 가깝게 그려냈다는 평가가 있습니다. 양만춘 장군의 기개가 연개소문 못지않았다는 것을 쉽게 알 수 있습니다. 수적으로 10배가 넘는 당나라 군대에 맞서 싸우는 데 있어서 군사와 주민들의 도움은 절대적으로 필요합니다. 만약 양만춘 장군이 민심을 얻지 못하고 지위와 권한으로만 전투에 임했다면 절대로 전투에서 이기지 못했을 것입니다. 안시성 주민 가운데 아기를 낳고 이름을 늦봄, 즉 만춘晚春의 우리말로 지었다고 할 정도인 것을 보면 당시 장군의 인품과 리더십을 짐작하고도 남지 않을까요? 양만춘 장군이 삶으로 보여준 동고동락의 군림群臨하는 리더십!

타이타닉호가 침몰하기 직전의 아비규환 속에서 선상 악대의 마지막 연주는 마음을 울립니다. 승객들이 조금이라도 안정된 마음으로 대피하도록 악단원들은 〈피로연〉 곡을 연주하면서 자신들의 탈출 순서를 뒤로 합니다. 연주가 끝나자 악단원들도 서로 인사를 나누며 대피하러 가는데, 악장은 홀로 남아서 다시 찬송가를 연주합니다. 〈내 주를 가까이하게 함은〉이란 찬송가가 애절하게 연주되자 저만치 가던 악단원들이 한 명, 두 명 다시 돌아옵니다. 그리고 모두가 그 찬송가를 함께 연주하는 장면에서 눈시울을 붉힌 기억이 있습니다. 목숨이 위태로운 순간임에도 악장의 리더십이 단원들의 마음을 끌어당긴 것입니다. 악장의 권력과 지위로 지시한 것이 아닙니다. 따르게 만드는 것이 아니라 따르고 싶게 만드는 영향력이 리더십입니다.

"따르게 하지 말고 따르고 싶게 하라."

현직 부장 판사가 쓴 시나리오라서 더 유명했던 〈미스 함무라비〉라는 드라마에서도 부장 판사 역의 성동일을 평판사들이 잘 따릅니다. 법원 조직의 특수성과 폐쇄성을 감안하더라도 부당한 조직 문화에는 당당히 맞서서 바꿔야 한다는 신입 판사 역의 고아라가 눈에 띕니다. 관례라는 포장으로 덮인 부장 판사들의 부당하고 강압적인 업무 태도를 고치자고 연판장까지 돌리면서 고군분투합니다. 마침내 법원 강당에서 전체 판사들을 모아놓고 부당함을 지적하는 회의를 소집하기에 이르고 고아라가 앞에 나섭니다. 거기에서도 고아라는 자신의 직속 상사인 성동일에 대해서 먼저 인정하고 장점을 열거합니다. 무엇이 문제이고 고쳐야 할 일인지를 따지자고 모인 자리인데도 성동일의 좋은 점과 따르고 싶은 부분을 먼저 인정해줍니다. 평소에 부장 판사로서 권위적이고 불합리한 지시와 억압을 보였다면 불가능한 일이었겠지요.

스탠퍼드 대학교의 데이비드 힐스 교수는 조직 구성원들의 창의성을 결정하는 가장 중요한 변수는 자신에게 주어진 자율권이라고 했습니다. 스스로 업무를 분석하고 결정하는 권한이 얼마나 주어지는가에 따라서 창의성이 달라진다는 것입니다. 조직에서 자율성과 재량권을 빼앗으면 창의성도 사라진다는 하버드 대학교의 연구 결과도 있습니다.

오늘날 많은 리더들이 자율성과 재량권을 두려워합니다. 조직을 통제하기 어려울 것이라고 생각하거나 일을 잘해낼 것이라는 신뢰가 없기 때문입니다. 그리고 리더로서의 권위가 위협받을 것을 염려합니다. 심리학적으로도 누군가를 돕거나 함께하지 못하는 것은 미래의 결과에 대한 두려움 때문인 것으로 알려져 있습니다.

인류학자 콜린 턴불이 동아프리카 이크족의 사례를 소개했습니다. 콩고의 피그미족과 이크족을 비교 연구한 것으로 유명해진 턴불의 경험에 의하면 이크족은 공동 사냥 풍습을 가진 부족이었습니다. 평화를 사랑하고 사냥감과 채집한 열매를 똑같이 나눠 먹는 오랜 풍습을 유지하고 있었습니다. 그런데 언제부터인가 열매를 채집하던 여인들이 빈 바구니로 돌아오기 시작하고, 사냥을 나간 남자들이 중간에 사라지는 일이 발생했습니다. 가뭄으로 열매가 없어서가 아니라 누군가와 열매를 나누기 싫어서 혼자 있을 때에만 채집을 했던 것입니다. 중간에 사라진 남자도 혼자 몰래 사냥을 해서 집으로 먼저 돌아갔던 것입니다. 그렇다고 부족 사람들이 불화가 있거나 서로 미워한 것은 아니었답니다. 그저 서로에게 관심이 없어졌던 것입니다. 대화가 사라지고 서로 무관심한 마을로 변하자 공동체는 와해되기 시작했습니다.

조직이나 공동체의 구성원들을 따뜻한 신뢰의 관계로 이어주는 리더의 역할은 매우 중요합니다. 물론 권위적이고 자기 중심적인 리더십으로는 불가능합니다. 지난 2012년 페이스북에 흡수된 인스타그램의 창업주 두 사람이 최근에 돌연 회사를 떠났습니다. 이미 왓츠 앱 창업자와 오큘러스 창업자도 회사를 떠난 마당에 인스타그램 창업자들의 사임은 페이스북의 오너인 마크 저커버그의 리더십 문제를 수면 위로 떠오르게 한

이슈입니다. 19세에 페이스북을 창업한 저커버그의 제왕적 리더십이 회사를 받치고 있는 빅3 자회사의 경영진을 모두 떠나게 만든 주요 원인으로 지목되는 상황이 의미심장합니다. 내부적인 또 다른 원인들도 있겠지만, 대중적으로 알려진 저커버그의 리더십은 군림(君臨)하는 리더십에 가깝지 않나 싶습니다.

반면 우리나라의 쌍용자동차를 인수하면서 우리에게 익숙해진 인도의 타타그룹은 자국 국민의 사랑과 지지를 받고 있습니다. 정치에는 간디가 있고, 경제에는 타타가 있다고 할 정도입니다. 타타그룹은 비 오는 어느 날 오토바이를 타고 가던 일가족이 교통사고를 당하는 모습에 오토바이 한 대 값으로 탈 수 있는 자동차를 만들자고 결심한 창업주의 정신으로 출발한 회사입니다. 문어발식 확장으로 몸집을 불린 것으로 보는 시선도 있기는 하지만, 주식의 66%를 자선 단체가 갖고 있을 정도로 사회 환원의 정신을 지키고 있습니다. 타타그룹의 정신은 군림하지 않는 리더십과 사회와 함께하는 기업이 되는 것입니다. 손해를 보더라도 부정과 결탁하지 않는 청렴한 기업이 되는 것입니다. 정글과 같은 기업 경영의 세계에서 따뜻한 리더십은 자칫 유약한 무능으로 비칠 수 있습니다. 그러나 진정한 리더십은 관계에서 나타납니다. 그리고 성과가 그것을 말해주는 것입니다.

지위가 높아질수록 자아도취에 빠지기 쉽습니다. 아무것도 거리낄 것이 없어지면 오로지 본인의 의지와 생각이 옳은 길이라고 믿게 됩니다. 어떤 행동을 해도 뭐라 할 사람이 없다 보니 안하무인의 언행을 보이는 리더가 우리 사회에서 최근 자주 눈에 띕니다. 자기가 산에서 달리는 데 익숙하다고 해서 군사들도 달리도록 하지 말라던 페르시아 제국을 설립한 키루스 대왕의 지휘관에 대한 명령, 그리고 전쟁에 나서는 젊은 키루스에게 군사들과 함께 기뻐하고 함께 슬퍼하라던 아버지의 당부가 어쩌면 군림하지 않고 동행하는 따뜻한 리더십의 오래된 숨결이 아닌가 싶습니다. 미국의 저명한 작가인 마야 안젤루가 말한 대로 사람들은 우리가 한 말과 행동은 잊지만, 우리가 안겨준 느낌만큼은 영원히 잊지 못할 것입니다.

내 안에서 나를 괴롭히는 나의 모습을 바꾸기 전에는 타인과의 관계에서 자유로울 수가 없습니다. 외롭지도, 괴롭지도 않은 자유로운 관계의 힘을 기르려면 먼저 자기 자신에게서 자유로워져야 합니다. 내가 나에게 관계의 힘을 주면 남에게도 줄 수 있기 때문입니다. 관계의 문제가 내 탓만은 아닙니다. 용기를 갖고 새롭게 자기 자신을 바라보세요.

인간은 사회적 존재로 태어났습니다. 타인은 나에게 존재의 필요 조건입니다. 그런 타인과 친절하고 따뜻한 관계를 이어가는 것은 우리의 숙제이자 삶의 조건입니다. 빵으로만 살 수 없고, 생존만을 위해 살지도 않는 우리 인간의 나다운 정체성을 관계에서 찾아보세요. 세상에는 의미 있는 타인으로 넘쳐날 것입니다.

PART 4

관계에서 자유로운
나를 위하여

이기적 이타주의자가 됩시다

남을 도와주는 행위가 자신의 건강과 행복에도 도움이 된다는 연구 결과가 있습니다. 이는 여러 사례가 증명하고 있습니다. 봉사활동을 하면서 금전적인 보상을 받는 경우와 순수하게 봉사하는 경우의 만족도가 크게 다르다는 연구 결과도 있습니다. 실제로 순수한 봉사활동이 더 지속적이고 만족도까지 높았습니다. 누군가를 돕는 행위는 혈압을 낮추는 효과가 있으며, 개인의 건강과 성격 유형 등의 여러 요인을 감안하더라도 장수하는 비결의 하나로 손꼽힌다는 것을 알 수 있습니다.

인종과 문화를 불문하고 이타적인 행위가 뇌의 보상중추를 자극하여 행복감을 증진시키고 기분 좋게 만드는 것으로 알려졌습니다. 우리의 이타적인 행위가 스트레스에 완충작용을 해 사회적 혹은 감정적 지지를 통해 보다 건강하고 행복하게 살아가도록 영향을 준다는 것입니다. 물론 이타주의적인 삶이 무조건 행복한 삶을 담보하지는 않습니다. 자신의 육체적, 정신적 행복을 소진시키고 해쳐가면서까지 남을 위해 산다면 그다지 행복하지 않을 것입니다.

자발적인 이타주의가 아닌 타의나 강요에 의한 이타주의 행위 역시 행복을 가져다주지 못합니다. 그러니까 이타주의라고 해도 자신에게 벅차고 지나치게 희생을 요구하는 등 일정 범위는 벗어나지 말아야 합니다. 나를 소중하게 여기는 마음을 바탕으로 타인을 소중하게 여기는 경계가 지켜져야 하는 것입니다. 이것을 '이기적 이타주의'라고 합니다. 무조건적 이타주의와 이기적 이타주의는 다릅니다. 행복해지려면 이기적 이타주의가 필요합니다.

《이기적 이타주의자》의 저자 앨런 패닝턴은 나 자신을 위해 가장 좋은 것을 하고 싶은 것과 윤리·도덕적 기준에 맞춰 살아가는 것의 균형이 중요하다고 했습니다. 이것은 마치 생애 발달 단계 이론으로 유명한 심리학자 에릭슨의 원초아와 초자아의 균형과도 같은 것입니다. 내면에서 꿈틀대는 원초적인 본능과 그에 맞서서 '안 돼'를 외치는 초자아의 싸움 사이에서 균형을 맞추는 것 말이죠. 본능대로 산다면 본인은 좋겠지만 주위 사람이 피해를 입을 수 있고, 초자아에 의해 산다면 남에게 피해는 안 입히겠지만 본인이 행복하지 않을 것입니다. 그래서 적당한 균형이 필요하다는 것이지요.

삶의 긴 여정에서 우리는 수많은 사람들을 만나게 됩니다. 사람들과의 관계가 우리의 삶을 힘들게도 만들고 힘이 나게도 만드는데, 보다 현명하게 관계 맺기를 하려면 무조건적인 이타주의가 아니라 적당히 이기적으로 자신에게도 초점을 맞추어야 합니다. 자신을 전적으로 내던지는 관계는 힘이 들기 때문입니다. 문제가 생기면 돌이킬 수 없을 만큼 상처와 후유증이 크기도 합니다. 그렇다고 모든 관계를 계산적으로 생각하라는 것은 아닙니다. 나를 포기하는 관계는 서로에게 행복하지 않을 수 있음을 인식해야 한다는 것입니다. 상호 좋은 관계를 유지하기 위해서는 먼저 자신을 사랑하고 자신을 존중하는 것에서 출발해야 합니다.

"합리적 이기심이 이타심과 연결될 때 건강한 관계로 이어집니다."

이것은 옥스퍼드 대학교 윌리엄 맥어스킬 교수의 《냉정한 이타주의》와도 맥락을 같이하는 말입니다. 이타주의라고 모두 좋은 결과를 만드는 것도 아니고, 보여주기 위한 이기적인 동기에서 이타주의 행동을 하는 일도 있습니다. 따라서 이타주의 자체가 중요한 것이 아니라 얼마나 냉철하고 합리적으로 판단하느냐가 전제되어야 합니다.

최근 한국 사회에서도 나 홀로의 삶을 강조하고 있습니다. YOLO, 혼밥, 혼술, 혼영, 혼코노, 1코노미 등 혼자만의 삶을 강조하는 문화가 확산되고 있습니다. 게다가 소확행, 워라밸, 스라밸 등으로 대변되는 개인 삶에 대한 주장과 외침이 번지고 있습니다. 자칫 인간이 사회적 동물임을 부정하는 극단적 개인주의와 1인 시대로 변질될 위험마저 느끼게 됩니다.

이런 시대적 트렌드 속에서 놓치지 말아야 할 것은 더불어 살아가는 공동체적 미덕과 당위성입니다. 국가나 사회가 나를 먹여 살려야 한다는 지나친 의존주의도 문제지만, 다 필요 없고 나 혼자 각자도생各自圖生의 삶으로 나아가겠다는 냉소적 개인주의도 문제가 됩니다. 개인 없는 공동체가 존재할 수 없고, 공동체 없는 개인도 살아갈 수 없기 때문입니다. 따라서 이런 가치 충돌과 갈등을 냉철하면서도 상호 이익이 되도록 조정하고 합의하는 지혜가 필요합니다. 집단주의와 개인주의가 대립하는 것이 아닌 협력하고 공생하도록 사회적 규범 안에서 타협하고 연대할 줄 아는 합리적 개인주의! 《개인주의자 선언》의 저자 문유석 판사의 이런 개인이 살고 공동체가 살기 위한 합리적 개인주의 개념에 제가 많은 부분 동의하는 것도 이와 같은 배경 때문입니다.

일반적으로 이기적이란 말의 부정적 이미지가 크게 다가오는 상황에서 이기적 이타주의는 언뜻 수용하기 어려울 수도 있을 것입니다. 하지만 사악한 이기심이 아닌 자기 존중의 본성적 순수함을 내팽개치지 말고 자신을 돌보는 것은 중요한 문제입니다. 자기 자신에 대한 존중과 배려 없이는 진정한 이타주의도 어려워진다는 사실을 직시해야 합니다.

제가 강의하는 가정 세미나 현장에서도 부부 사이에 이기적 이타주의를 적용할 필요를 많이 느낍니다. 배우자에게 무조건적인 헌신을 한 경우에 발생하는 기대와 욕구는 적당히 자신에게 투자하며 사는 부부에 비해 매우 크고 심각합니다. 자녀 양육이나 연인 사이에 있어서도 마찬가지입니다. 부모가 자녀에게 올인 하는 경우일수록 자녀에 대한 집착과 통제가 심한 것을 흔히 볼 수 있습니다. 연인 사이에 발생하는 데이트 폭력 사건의 배경에도 과도한 자기 부정과 상대방에 대한 지나친 몰입이 원인으로 작용하는 경우가 많습니다.

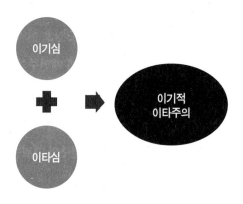

건강하고 따뜻한 관계를 만들기 위해서는 적당히 이기적일 필요가 있습니다. 이것은 분명 이해타산적인 것과는 구별되는 의미입니다. 타인에게 너그럽게 인내하는 모습은 쉽게 볼 수 있습니다. 그런데 정작 자신에게는 그러지 못합니다. 자신에게는 오히려 더 엄격하고 매몰차며 조급해하는 경우가 많습니다. 여러분은 어떻습니까? 누군가 실수를 하고 마음 아파할 때 어떻게 위로하고 용기를 줍니까? 그 누군가가 배우자일 수도 있고, 직장의 후배일 수도 있으며, 친구의 자녀일 수도 있습니다. 그들에게 평소 어떻게 위로하는지 생각해보세요. 그리고 같은 상황에 처한 자기 자신에게는 어떻게 대하는지 비교해보시기 바랍니다. 가족 구성원에게 투자하는 시간과 에너지는 또 어떻습니까? 그에 비해 정작 자신에게 투자하는 부분은 너무나 초라한 경우가 많습니다.

사람은 누구나 장점과 단점을 다 갖고 있습니다. 강점과 약점이 누군가와 비교하는 것이라면 장점과 단점은 오롯이 나 자신에게서 찾는 것입니다. 그러니까 내가 누구보다 낫다는 강점은 없더라도 나의 내면에 존재하는 장점은 있을 수 있는 것입니다. 이렇게 자신의 장점에 주목하여 스스로에게 힘을 주고 스스로를 대견해하는 사람이야말로 타인에게도 힘을 주고 타인을 대견해할 수가 있는 것입니다. 조직에서도 이런 사람이 좋은 리더로 성장합니다. 가정에서도 이런 부모가 자녀와 행복한 관계를 만들 수 있습니다.

지금 우리 사회는 지나치게 비교하고 남을 의식하는 분위기에 병들어 있습니다. 그저 나 자신을 사랑하는 마음을 먼저 회복하세요. 그리고 남을 사랑하는 마음의 균형을 이루세요. 이런 사람이 좋은 관계를 오래 이어갈 수 있는 법입니다.

용기의 심리학 개론

나이가 들면서

나는 내 자신이 가지고 있는

나약함에 대처하는 방법을 아주 자연스럽게 알게 되었다

그 방법이란

바로 남들 앞에서 강해 보일 필요가 없다는 것이었다

있는 그대로 내가 가지고 있는 약점을 인정하고

가능한 한 유리하게 바꿔보자고 생각한 뒤에야

열등감에서 벗어날 수 있었다

엔도 슈사쿠의 책《나를 사랑하는 법》에서 인용한 구절입니다. 열등감! 우리가 삶을 힘들다고 느끼는 것은 열등감 때문인 경우가 많습니다. 누군가와의 관계가 편하지 않은 것도 열등감이 끼어든 탓일 수 있습니다.

그리스 신화에서 헤라클레스는 음악을 못했습니다. 음악에 재능이 없다는 사실에 분노한 헤라클레스는 음악 선생인 리누스를 죽여버렸습니다. 자신의 음악에 대한 무능에 화가 나서 벌어진 일이었습니다. 세월이 흐른 후에 시끄럽게 구는 까마귀를 쫓아내라는 임무를 받은 헤라클레스에게 주어진 도구는 다름 아닌 꽹과리. 이번에는 자신의 음악적 무능을 탓하지 않고 박치인 헤라클레스가 열심히 꽹과리를 쳤습니다. 지혜의 신 아테네는 있지도 않은 음악적 재능이 아니라 약점인 박치를 통해 상황을 받아들이게 만들었습니다. 지혜란 이렇게 우격다짐이 아닌 경험과 과정을 거쳐서 자연스레 다가오는 것입니다. 헤라클레스가 음악에 대한 열등감에 분노하거나 좌절하지 않고 겸손하게 받아들이며 최선을 다하는 성숙함을 보이자 비로소 신으로 인정받게 되었습니다.

최근 베스트셀러 순위에 꾸준히 자리하고 있는 책들의 주제를 보면 공통점이 있습니다. 주로 열등감이나 자존감을 다루고 있는 것입니다. 그중에서도 단연 히트작은 심리학자 아들러의 심리학을 바탕으로 한 《미움받을 용기》라는 책일 것입니다. 제목만으로도 힘을 얻게 되었다는 사람들이 꽤나 많을 정도입니다. 그동안 남에게 좋은 평가를 받고, 잘 보이는 법에만 관심이 쏠려 있었습니다. 어떻게 하면 남들에게 잘 보일 것인가에 대한 주제의 책들이 인기였습니다. 하지만 해도, 해도 끝이 없는 잘 보이기에 모두가 지친 것일까요? 이제는 차라리 미움받을 용기를 갖고 나답게 그냥 살자고 외칩니다. 나를 미워하는 사람이 좀 있다고 뭐가 문제가 되느냐는 것입니다. 울고 싶을 때 뺨을 때려준 그런 책이 오아시스처럼 우리에게 다가온 것이지요.

헤라클레스도 어쩌지 못했던 그 열등감을 우리라고 어쩌겠습니까? 환경이 아니라 해석이 중요합니다. 과거의 경험이 아니라 오늘의 행동이 중요하다고 인지행동 심리학자들은 말합니다. 나에게 무엇이 없는가가 아니라 무엇이 있는가에 주목하면 삶의 태도가 달라집니다. 그것이 행복한 사람의 특징입니다.

결핍도 내 인생의 한 부분입니다. 사실 그대로 인정하고 받아들이면 삶이 정말 편안해집니다. '아모르파티', 즉 "네 운명을 사랑하라"는 니체의 말이 이런 경우에 정말 딱 들어맞습니다. 약육강식의 처절한 생존 게임 현장인 밀림에서도 나무늘보는 살아남았습니다. 속도나 근력이 남다르게 뛰어나서가 아닙니다. 그저 결핍투성이로만 보이는 나무늘보에게도 살아갈 비책이 있었던 것입니다.

"결핍도 내 인생의 한 부분입니다."

극도로 활동을 줄이는 습성 덕에 많이 먹지 않아도 되는 체질과 워낙 먹잘 것이 없는 마른 신체 구조, 그리고 잡아먹어봐야 맛이 없다는 결정적인 결핍이 오히려 생존의 비결이 되니 아이러니가 아닐 수 없습니다. 어느 하나 내세울 것 없어 보이는 나무늘보도 이렇게 살아남았습니다. 이처럼 때로는 결핍이 약이 되기도 합니다. 열등감을 회피하지 말고 건강하게 드러내는 용기가 필요합니다. 그런 용기를 가진 자가 행복해질 수 있습니다. 그리고 그 용기는 각자의 몫입니다.

나에게 없는 재능과 자질을 원망하지 말고, 자신의 열등감을 감추지 않는 용기가 행복에 다가서게 도와줍니다. 이런 사람 주변에는 사람이 모이게 되어 있습니다. 약점이 곧잘 보이는 사람이 오히려 당당하게 열등감을 받아들이는 용기를 보이면 사람들의 태도가 달라집니다. 종종 조금의 빈틈도 없이 잘나 보이는 사람도 있습니다. 스펙이면 스펙, 외모면 외모, 집안이면 집안, 뭐 하나 빠지는 구석이 없는 잘난 사람. 이렇게 탁월함으로 무장된 사람 곁에는 다가서기가 어렵습니다. 그런데 그런 사람 가운데 의외로 내면의 문제를 안고 사는 사람도 많습니다. 가령 정서적으로 허기를 느끼거나, 자신의 완벽함을 지키려는 강박증으로 신경이 날카롭거나, 혹은 일상의 작은 일에도 지나칠 정도로 예민하게 반응하는 식입니다. 이런 사람들이 때로는 우월감을 보이거나 공격성을 보이기도 하는데, 결국 이것도 열등감의 또 다른 표현일 수 있습니다. 이렇게 누구에게나 열등감은 여러 형태로 존재하고 표출되는 것이 인생의 자연스러운 모습입니다.

이스라엘 백성을 출애굽 시킨 위대한 리더 모세에게도 열등감이 있었습니다. 그는 절대자의 부르심에 선뜻 나서지 못하고 무려 다섯 번이나 못하겠다고 물러섰습니다. 나중에는 보낼 만한 사람을 보내라고 변명을 하기도 했습니다.

"What's your name? Speak yourself!"

작년에 유엔총회에서 연설한 아이돌 그룹 방탄소년단의 연설 마지막에 등장한 내용입니다. 방탄소년단은 그 유명한 빌보드 차트에서 1위를 기록한 그룹이지요. 유니세프의 Love Myself 캠페인에 방탄소년단이 동참하면서 전 세계의 어린이와 청소년을 보호하고 지원하는 기금도 마련하게 되었습니다. 방탄소년단은 데뷔 때부터 청춘과 젊음을 주제로 사회성 있는 노래를 전파해왔습니다. 2017년부터 시작된 Love Yourself 시리즈를 통해 내 안에 사랑이 있음을 깨닫는 것과 그 사랑으로 타인과 더 큰 사회를 따뜻하게 감싸 안을 것을 이야기하고 있습니다. 그런 방탄소년단이 유엔총회 연설에서 전 세계를 향해 외쳤습니다.

Love Myself, Love Yourself!

"저는 어제 실수를 저질렀을지도 모릅니다. 그렇지만 그 어제의 나도 나입니다. 오늘의 저는 제가 만든 모든 실수들이 모여서 만들어졌습니다. 내일의 저는 지금보다 아주 조금 더 현명해질지도 모릅니다. (중략) 제게는 결점도 많고 그보다 더 많은 두려움도 가지고 있습니다. 하지만 저는 제가 할 수 있는 한 최대한 저를 끌어안으려 합니다. 그리고 조금씩 더 제 자신을 사랑할 수 있게 변하고 있습니다."

그리고 드디어 마지막 부분에 이르러 말합니다. "당신의 이름은 무엇입니까? 당신의 이름을 들려주십시오"라고.

프로이트는 "인간의 삶에 우연이란 없다"고 말하며 과거의 경험으로 그 사람의 인생을 진단합니다. 그런데 아들러는 자신의 선택이 중요하다고 합니다. 선택한 목적에 따라서 행위가 달라진다는 것입니다. 그러니까 과거의 삶이 아니라 지금부터 어떤 목적을 갖느냐가 미래의 삶을 변화시킨다는 것이지요. 그래서 타인에 비해 뒤떨어진다는 열등감도 그대로 수용할 것을 권합니다. 열등감을 수용하면 오히려 자존감이 상승하기 때문입니다. 그는 열등감이란 주관적인 인식이지 객관적인 것이 아니라고 말합니다. 그래서 과거의 경험이나 무의식에 지배를 받는 프로이트나 융과 달리 아들러의 "현재의 선택이 미래를 결정한다"는 주장이 현대인들에게 더 크게 와닿는 것인지도 모릅니다. 타인에 대한 공감과 자신에 대한 용기가 함께할 때 행복한 삶이 가능한 것입니다.

'훌륭한 삶이란 어떤 존재 상태가 아니라 그렇게 되어가는 과정'이라고 했던 인간 중심 상담전문가 칼 로저스는 자기답게 살 것을 강조합니다. 객관적 현실보다 주관적 현실이 더 중요하다는 것입니다. 비록 비가 내리는 날씨라도 시원해서 좋은 날이라는 주관적 인식으로 받아들이면 된다는 것이죠. 그래서 충분히 기능하는 사람은 개방적이고 지금 여기를 중요시하며 의타적이지 않고 독립적인 삶을 살아갑니다. 이미 괜찮은 자기에게 더 욕심을 내게 되면 자기를 미워하게 된다는 것을 기억해야 합니다. "실제적 자기와 이상적 자기의 불일치는 낙심을 초래한다"는 에드

워드 히긴스의 말도 같은 맥락으로 이해할 부분입니다. 이 세상에 완벽한 사람은 없습니다.

　타인과의 관계에 목말라서 공연히 주눅들고, 잘 보이려고 애쓰느라 자기 마음과 다르게 행동하면서 불편해하는 사람이 되지 마세요. 세상의 모두에게 좋은 사람이라고 평가받기는 무리입니다. 타인의 얼마 정도는 나를 싫어할 수 있음을 당연한 일로 받아들여야 건강해집니다. 나를 싫어하는 사람보다 나를 이해하고 좋아하는 사람에게 마음을 쓰세요. 세상은 그런 사람들과 걷기에도 너무 넓습니다. 굳이 싫은 사람과도 웃으며 걸어가기 위한 억지 노력은 나를 망가뜨리기도 합니다. 다른 사람에게는 결코 열어주지 않는 문을 당신에게만 열어주는 그런 사람이 '어린 왕자'에게만 존재하는 것은 아닙니다. 여러분 주위에 있는 그 한 사람을 찾아서 손잡고 걸어가면 인생은 그것으로도 충분합니다. 부디 현명하게 용기를 내세요.

분노의 감정에서 자유롭게

경찰청 통계에 의하면 지난 2017년 기준 살인 사건의 동기로 분노가 전체의 44% 가까이 된다고 합니다. 살인 사건 두 건 가운데 한 건 정도는 분노 범죄라는 것이지요. 우리 사회가 가히 분노 사회라는 말은 과장이 아님을 알 수 있는 대목입니다. 또한 최근 5년간 65세 이상 고령자 범죄가 45% 증가했는데 그 가운데 살인, 방화 등의 강력 범죄는 70%, 폭력 범죄는 43%나 증가했다고 합니다. 고령자 범죄의 동기로는 우발적인 경우가 가장 많은 비중을 차지합니다. 그러니까 분노에 의한 충동 범죄가 나이를 가리지 않고 늘어난다는 점이 심각한 사회 문제가 되는 것입니다. 같이 술을 마시다가 홧김에 칼을 휘두르거나 층간 소음 등 이웃과의 사소한 갈등으로 불을 지르고 총을 쏘는 일까지 생겨나고 있습니다.

소위 '앵그리 올드'로 표현하는 노인 범죄는 일본에서도 이미 사회적인 문제가 되고 있습니다. 일본 법무성의 자료에 의하면 지난 20년 동안 전체 범죄는 줄어든 반면, 65세 이상 노인 범죄는 무려 4배 가까이 증가했습니다. 전문가들의 주요 견해는 사회 변화에 대한 부적응인 것으로 나타났습니다. 성장 과정에서 늘 함께 어울리며 부대끼다가 어느 날 혼자 남은 고립감을 견디지 못하고 스트레스에 시달리게 된 것이 원인으로 작용한다는 것입니다. 여기에 빈곤도 노인 범죄를 부추기는 것으로 분석되었습니다. 심지어 빈곤 노인들의 사회생활보다 교도소 수감생활이 더 낫다는 비교 자료도 있을 정도입니다. 외로움과 빈곤이 노인들마저 분노하게 만들고 범죄로 이어지는 현상은 분명 사회적으로 관심을 가져야 할 문제일 것입니다.

보건복지부의 2017년 노인실태조사에 따르면 우리나라 노인의 5명 가운데 1명은 우울증을 겪고 있으며, 이들 중 상당수가 자살을 시도한 적이 있는 것으로 나타났습니다. 현대 사회에서 자살 충동을 느끼는 일은 지속적으로 증가하고 있습니다. 하지만 선진국과 비교할 때 우리나라의 현실은 단지 충동을 느끼는 것으로 그치지 않고 실제 행동으로 이어지는 비율이 높다는 것입니다. 자살 충동을 느끼더라도 행동으로 옮기지 않고 온전한 현실로 되돌아오도록 사회적 환경이 조성되어야 하는데 그게 부족한 현실입니다. 분노 범죄와 자살 충동 등의 정신적 문제를 개인의 영역으로만 떠넘기지 말고 사회적 관심과 제도적 접근이 절실한 시점입니다.

분노는 감정의 한 종류입니다. 사람이 살아 있다는 것은 감정을 느낀다는 것이지요. 감정을 영어로 emotion이라고 합니다. 에너지e가 움직이는*motion* 것을 말합니다. 그러니까 감정은 사람을 움직이게 하는 에너지이자 행동을 유발하는 동기 인자를 말합니다. 그런 감정의 하나로 분노가 존재합니다. 우리 마음속에 있는 기분이나 느낌인 감정을 좋은 것과 나쁜 것으로 구분하는 것은 옳지 않습니다. 자연스럽게 발생하는 감정을 놓고 선악을 따지는 것은 혈액형을 두고 좋다 나쁘다를 이야기하는 것만큼이나 어색한 일입니다. 단지 감정을 어떻게 표출하는가의 문제로 접근해야 하는 것입니다. 분노 감정을 느끼는 것과 분노 감정을 여과 없이 표출하는 것은 전혀 다른 문제이기 때문입니다.

"감정이란 '에너지 + 움직임'입니다."

관계에서 자유롭기 위해서는 분노를 현명하게 다루는 방법을 익힐 필요가 있습니다. 요즘처럼 분노가 빈번하게 상대를 가리지 않고 갈등과 폭력으로 나타나는 시대일수록 건강한 관계의 삶을 위한 분노 조절과 대처법이 필요합니다. 이미 살펴본 것처럼 삶의 스트레스가 분노의 감정을 촉발합니다. 스트레스는 외부의 자극에 대한 반응입니다.

요즘 먹방, 쿡방, 힐링 프로그램이 인기를 끄는 이유는 그만큼 스트레스가 많다는 반증이 아닐까요? 내가 못해도 대리 만족을 통해서 스트레스를 풀고 싶은 것이지요. 그것도 대단한 것이 아닌 소박하게 행복을 맛볼 수 있는 먹고 노는 방법으로 말입니다. 딸기주, 사과 맥주 등의 도수가 낮은 알코올 음료가 출시되거나 달달한 케이크나 디저트가 인기인 이유도 당분 보충으로 스트레스 지수를 낮추려는 심리가 작용한 것입니다.

내 안에 불쾌한 감정이든 유쾌한 감정이든, 감정이 움직인다는 것은 건강하다는 증거로 해석할 수 있습니다. 오히려 감정이 없는 사람이 더 위험하고 건강하지 못한 것입니다. 감정에 둔감하면 공감 능력에 문제가 있는 것이고, 공감하지 못하면 좋은 관계를 만들 수 없습니다. 사이코패스는 정신 질환으로 분류되어 범죄 판결 시에도 중요하게 고려하는 부분일 정도로 감정의 역할은 중요합니다.

전통적으로 우리 사회가 불쾌한 감정을 배척하는 문화가 있던 탓에 내면의 분노와 같은 불쾌한 감정은 나쁜 것으로 치부하거나 부끄럽게 여기는 경향이 있습니다. 그러다 보면 정상적인 감정 다루기에 서툴게 되고, 당연히 분노 조절에도 문제가 생길 수 있습니다. 어려서부터 감정에 솔직하고 자연스러운 현상으로 받아들이면서 건강하게 표현하는 방법을 보고 배울 기회가 많아야 합니다.

분노에도 단계가 있습니다. 화를 내고 나서 미안하거나 잘못되었다고 느끼는 수준은 초기 단계입니다. 하지만 분노를 표출하고 욱했으면서 후회도 없고 화를 내야만 관리가 가능하다고 합리화한다면 심각한 단계입니다. 직장에서도 여전히 강하고 거칠게 말해야 듣는다고 착각하는 리더들이 있는데 이것은 잘못된 것입니다. 그렇다고 착하기만 하고 무능하며 유약한 것이 좋다는 것은 아닙니다. 분노의 감정을 제대로 인식하고 조절해야 한다는 의미입니다.

어려서 스트레스에 노출되면 정신 장애로 이어질 가능성이 높고, 청소년기의 과도한 스트레스는 성격 장애를 유발하며, 성인기의 스트레스는 우울증을 가져옵니다. 이런 스트레스와 정신 건강의 관계는 매우 밀접한데, 여기에 분노의 감정도 연결이 되어 있으니 참 복잡한 구조이지요.

그렇다면 왜 이렇게 분노 사회로 치닫고 있을까요? 우선 공감하지 못하기 때문입니다. 자폐증이나 사이코패스가 아닌 이상 인간은 선천적으로 공감 본능을 타고납니다. 그리고 4세가 지나면 대개는 타인이 자신과 다른 생각을 할 수 있음을 알게 되고, 상대방의 감정을 연상할 수 있게 됩니다. 후천적으로 공감력을 키울 수 있는 환경에 노출되고 훈련을 통해 강화할 수는 있지만, 인간의 중요한 특성인 공감을 잃어버린 사람은 분노에 주저하지 않습니다. 상대방의 마음속에 들어가서 그 마음을 헤아릴 여유가 없습니다. 공감이 안 되니 분노를 제어할 필요도 못 느끼는 것이지요.

또 하나, 지나치게 자기 중심적인 태도도 문제입니다. 나만 아니면 된다는 사회 풍토가 만연하고, 그런 환경에서 자란 사람들이 분노에 익숙합니다. 나의 이익에 반하는 것은 모두 응징해야 한다는 왜곡된 자아 중심성으로 똘똘 뭉친 사람들이 늘고 있습니다. 사회 구조가 변하다 보니 나만 바라보게 되고, 내가 생존하는 일이 최우선인 삶이 되어버렸습니다. 그래서 내가 원하는 대로 안 되면 참지를 못하게 된 것입니다. 한때 우리 사회를 떠들썩하게 했던 PC방 알바 살인사건 용의자도 자기가 원하는 대로 테이블을 치우지 않고 게임비 천 원을 돌려주지 않는다고 다투다가 잔인하게 칼을 휘둘렀습니다. 공동체가 붕괴되고 지나친 경쟁 속에서 양보나 절제의 경험을 하지 못한 채 성장한 사람들이 늘어나면서 분노 폭발도 증가하고 있는 것입니다.

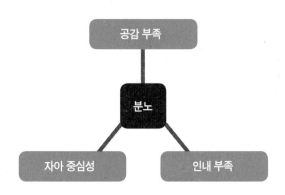

분노에 반응하지 않고 대처하는 훈련은 가능합니다. 반응하는 것과 대처하는 것은 다릅니다. 반사적이고 충동적인 반응이 아니라 차분하고 통제 가능한 대처가 필요합니다. 그러기 위해서는 분노의 트리거 포인트를 찾아야 합니다. 어떤 상황에서 분노가 솟구치는지 스스로 인식하면 신체적, 심리적 변화를 느낄 수 있게 되어 분노의 순간에 대처할 여지가 생깁니다. 그리고 내가 화가 났다는 것을 상대방에게 분명하고 차분하게 전달하는 것이 좋습니다. 상대방의 어떤 점 때문에 기분이 나빠졌는지 짜증이나 공격적인 느낌을 배제한 상태로 담담하게 말하는 것입니다. 그리고 자신이 원하는 바를 구체적으로 말하면 됩니다. 이때 단순히 이래라 저래라 하기보다는 바람이나 희망을 나타내는 단어로 명확하게 표현하는 것이 효과적입니다.

분노의 표현도 결국 소통의 문제로 풀어갈 수 있습니다.

"야, 너. 그러지 말랬지? 몇 번을 말해야 되니? 다시는 그러지 말아라, 안 그러면 이따 가만 안 둘 거야! 너 땜에 내가 못 살아, 정말."

주변에서 종종 부모가 아이에게 이런 말을 던지는 것을 볼 수 있습니다. 그런데 이게 아이에게는 잘 안 통합니다. 부모는 속이 터진다고 얼굴을 붉히는데요. 차라리 무엇을 그만하라는 것인지, 어떻게 하라는 것인지를 명확하게 직접적으로 말해주는 편이 좋습니다. 이따가 보자고 협박하지 말고 그 자리에서 "길동아, 식당에서 뛰어다니면서 장난치는 건 옳지 않은 행동이야. 그 대신에 엄마랑 다른 놀이할까?"라고 이름을 부르면서 분명하게 알려주는 것이 더 효과적인 방법입니다.

"분노는 반응이 아니라 대처하는 것입니다."

부모라면 한 번쯤 아이에게 분노를 쏟아붓고 나중에 사랑한다고 위로하면서 달래느라 애쓰고, 혼자서 못난 부모라고 자책한 경험이 있을 것입니다. 올바르게 키우려는 생각에 한 일이지만 지나치게 화를 내게 되는 상황이 한두 번은 있기 마련입니다. 분노의 감정을 다스리지 못하고 적절하게 표출하지 못하면 자녀와의 관계에 치명적인 상처가 남습니다.

캘리포니아 대학교의 보하트 박사를 비롯한 많은 전문가들의 축적된

연구에 의하면 분노를 직설적으로 풀어버리는 행동은 결코 도움이 되지 않는다고 합니다. 베개나 벽을 치는 행동, 소리를 지르는 등의 직설적인 분노 표출은 오히려 분노의 강도를 증가시킨답니다. 차라리 조용히 호흡을 가다듬고 잠시 혼자 앉아 있는 편이 훨씬 효과적이랍니다.

분노의 상황에 직면하면 먼저 잠깐의 시간이라도 확보하여 숨을 고르고, 지나치게 상황에 의미를 부여하지 않은 채 차분한 어조로 대화법에 따라서 말하는 것이 좋습니다. 그리고 완벽해야 한다는 기준을 조금 낮추고, 경쟁적인 마음을 느슨하게 풀어주는 자기 관리가 선행되어야 합니다. 분노의 상황에서는 자존감이 높다고 해서 꼭 좋은 것은 아닙니다. 오히려 지나친 자존감 때문에 분노를 조절하기 힘든 경우도 있기 때문입니다. 요즘 같은 자존감 높이기 열풍이 자칫 분노 조절에 엉뚱한 기름을 붓지는 않게 되길 바라는 마음입니다.

깨는 말투에서 자유롭게

송나라의 조숙평은 평생 사람들의 존경을 받은 인물입니다. 그의 책상에는 늘 그릇 세 개가 놓여 있었답니다. 가운데 빈 그릇을 중심으로 한쪽에는 흰콩을, 다른 한쪽에는 검은콩을 놓았습니다. 그리고 하루 종일 착한 생각을 하게 되면 흰콩을 담고, 나쁜 생각을 하면 검은콩을 담았다가 저녁에 그 수를 헤아렸다고 합니다. 검은콩이 더 많았다면 하루를 잘못 산 셈입니다. 그만큼 하루의 삶을 얼마나 좋은 생각으로 살았는지 스스로 점검하는 철저함을 보인 것이지요. 여기에서 유래한 고사성어가 '이두자검以豆自檢'입니다. 이렇게 드러나지 않는 생각조차 허투루 하지 않기 위해 노력하며 살기도 하는데, 하물며 드러나는 언어를 온전히 다듬지 못하는 삶이란 부끄러울 지경입니다.

사람과의 관계는 곧 언어를 매개로 이어집니다. 소통의 질이 관계의 질을 결정하기도 하지요. 소통이란 단어의 본래 뜻도 단순한 말솜씨를 의미하는 것이 아닙니다. 상대방과의 열린 관계를 말하는 것입니다. 따라서 내가 어떤 언어로 어떻게 소통하는가에 따라 관계의 질이 달라집니다.

따뜻하고 행복한 관계를 만드는 언어는 어떤 것일까요? 당연히 살리는 말이고, 힘 주는 말이겠지요. 그래서 한국YWCA의 섬김, 나눔, 살림의 정신을 저는 매우 좋아합니다. 그런데 현실에서는 가족이나 사랑하는 관계에서조차도 힘 빠지는 말, 낙심하게 만드는 말이 여과 없이 흘러다닙니다. 그 결과 관계가 깨지는 정도가 아니라 아예 평생 원수지간으로 갈라서기도 합니다.

미국에서 의료 소송을 당하는 의사와 그렇지 않은 의사를 비교한 자료를 보면 의료 과실 문제 외에도 환자에 대한 의사의 태도가 소송에 크게 영향을 주고 있음을 알 수 있습니다. 소송을 당한 적이 없는 의사들은 환자들에게 평균 3분 정도를 더 할애하여 대화하고 공감하는 것으로 나타났습니다. 환자에게 전달하는 정보가 아니라 환자를 대하는 방식이 얼마나 인간적으로 친밀하고 존중하는가에 따라서 소송 여부가 달라지는 것입니다. 결국 환자에게 건네는 의사의 마음을 담은 말투가 환자를 살리는 것이지요.

부모가 아이에게 화를 내면서 "도대체 몇 번이나 말했냐", "집에 가면 가만 안 둔다"는 식으로 말하는 것은 아이를 병들게 합니다. 나중에 "다 너를 위해서야, 사랑하는 거 알지?"라고 달래봐도 이미 마음의 금이 깊게 간 상태입니다. 그 놈의 '몇 번을 말했는지'나 '얼마나 사랑하고 있는지'는 며느리도 모를 일이기 때문이죠. 따뜻한 관계를 위한 언어는 부드러워야 합니다. 그리고 무엇보다 공감하는 말이어야 합니다. 공감의 언어 표현은 자기 중심이어서는 안 됩니다. 상대방의 마음과 의도를 읽어내야 가능합니다. 좋든 나쁘든 상대방의 입장에서 전해지는 언어여야 상대방도 수용하게 되는 것이지요.

간혹 가까이 하기엔 너무 먼 사람을 만나게 됩니다. 틀린 말은 아닌데 와닿지 않게 말하기 때문입니다. 때로는 안 하느니만 못한 말로 열불 나게 만들기도 합니다. 대놓고 말하기도 뭣한 사이라면 속으로 끙끙 앓기만 하지요. 직장 생활에 고민이 있어서 힘들어하는 후배에게 "인생이 그런 거지, 별거 있냐"며 자기는 더했다고 말하는 선배나 상사에게 정이 갈 리가 없습니다. 속으로 "그래, 너 잘났다"고 외칠 뿐입니다. 이런 언어로는 관계를 행복하게 만들지 못합니다. 후배들의 입장을 그저 진지하게 이해하는 모습만 보여도 따르고 싶은 마음이 들게 됩니다. 속마음을 받아만 준다면 해결까지는 바라지도 않습니다. 말 한마디로 순식간에 꼰대 상위 레벨에 오를 수 있으므로 조심해야 합니다. 꼰대는 나이가 아니라 인식의 문제라고 했습니다.

타인의 아픔을 도둑질하지 마세요. 그는 아프다는데 나는 더 아팠어도 참았으니 너도 참으라거나 참을 수 있다고 하는 것은 위로도, 교훈도 아닙니다. 그저 주책일 뿐입니다. 공감은 그냥 받아주는 것으로 족합니다. 사족을 달지 말고, 멋진 답을 주려고도 하지 마세요. 상대방을 이해하고 같이 느낌을 나누면 충분합니다. 부모가 수능을 망쳐놓고 상심한 아이에게 대학 안 나온 애들이 돈도 더 잘 벌고 잘 사는 시대라고 한다면 위로가 될까요, 힘이 날까요? 이것은 상처에 소금을 뿌리는 주책 맞은 행위인 것이죠. 얼마나 안타깝느냐고 같이 보듬는 것이 우선입니다. 우리는 너무 빨리 답만 찾도록 훈련 받으며 살았습니다. 시간이 조금 더 걸릴지언정 거쳐야 할 것은 거쳐가면서 찬찬히 다듬는 것도 필요합니다.

"공감은 타인의 아픔을 도둑질하지 않는 것입니다."

일본의 유명한 소설가인 무라카미 하루키도 관계의 어려움을 토로한 적이 있습니다. 사랑하는 연인이 부부가 되면 서로 상처를 보듬고 덮어주는 관계가 될 줄 알았는데, 실제로는 상처를 파헤치고 살더라는 것입니다. 가정에서도 서로의 상처를 덮어주고 힘을 주는 말만 하기가 쉽지 않은 것이 현실인데, 가정 밖에서의 언어는 오죽하겠습니까? 남편이 "당신이 뭘 알아? 결론만 말해!"라고 하거나 아내가 "나니까 살아주는 거야! 돈이나 잘 벌면 말을 안 하지"라고 하는 것은 상대방을 죽이는 말입니다. 부모가 자녀에게 "누굴 닮아서 그 모양이냐? 내가 너를 왜 낳아서 이 고생인지"라고 하는 말도 평생 상처로 남습니다. 자녀는 부모에게 "사랑한다", "힘들었지", "괜찮아" 등의 말을 듣고 싶어합니다. 세월이 흐르면 이런 말이 자녀의 성장과 양육에 훨씬 더 도움이 될 것임을 알게 되는데, 그때는 이미 다 커버린 상황이라 되돌릴 수가 없습니다.

예전에 MBC 창작 동요 대상을 받은 노래 중에 노랫말이 너무 예쁜 곡이 있습니다. 장지원 작곡, 김완기 작사의 〈참 좋은 말〉이란 노래입니다.

"사랑해요 이 한마디 참 좋은 말 우리 식구 자고 나면 주고받는 말 사랑해요 이 한마디 참 좋은 말 엄마 아빠 일터 갈 때 주고 받는 말 이 말이 좋아서 온종일 신이 나지요 이 말이 좋아서 온종일 일 맛 나지요"

이렇게 어떤 말을 주고받느냐가 관계를 결정합니다. 사랑해, 미안해, 고마워. 이 세 가지 단어만 충분히 사용해도 최소한 가족 관계에는 문제가 없을 것입니다. 가깝다는 이유로 꼭 말해야 아느냐는 사고방식은 요즘 적폐 1순위가 아닐까 합니다.

직장에서도 말을 올바로 하지 못하는 사람은 환영받지 못합니다. 유창한 달변을 바라는 것이 아니라 경우에 맞는 언어 감각이 더 중요합니다. 상대방과 상황에 적합하며, 힘이 나게 하는 말이 핵심인 것이죠. 아무리 옳은 말이라도 상대가 받아들일 상황이 아닐 때에는 타이밍을 조절하는 센스가 필요합니다. 그리고 상대방의 역린逆鱗은 건드리는 것이 아닙니다. 때때로 조직을 위해 상사에게 용기 있게 직언을 하는 것도 필요하지만, 상사의 입장을 고려하지 않으면 역효과입니다.

팩트 폭력이란 말이 있습니다. 사실인데 상대방 입장에서는 기분이 나쁩니다. 그렇다면 그 팩트가 소통의 도구는 되지 못한 것입니다. 비록 팩트라고 하더라도 관계를 깨뜨리지 않도록 제대로 사용하는 지혜와 유연함이 관건임을 새삼 되새길 필요가 있겠습니다. 가루는 칠수록 고와지지만, 말은 할수록 거칠어지기도 합니다.

타이밍 → 역린 → 유연함

"원수는 직장에서 만난다!"

언젠가 방송에서 어떤 개그맨이 한 말입니다. 하루 중 가장 많은 시간을 보내는 직장에서 원수와 함께 생활한다면 슬프지 않겠습니까? 미국 실리콘밸리의 초우량 기업들이 직원들에게 주는 최선의 복지는 '최고의 동료들과 함께 일하게 해주는 것'이라는 말이 있습니다. 그만큼 직장에서 누구와 일하는가는 중요합니다. 이로 인해 삶의 질이 달라지기도 하고, 자신의 성장에도 영향을 주는 문제이기 때문입니다. 그렇기에 직장이나 사회에서 건강한 관계를 만들기 위해서는 소위 깨는 말투와 언어를 피하는 것은 기본입니다. 최근 온라인상의 소통 문화 탓으로 신조어가 발달하면서 젊은 세대를 중심으로 독특한 일상 용어가 넘쳐나고 있는 실정입니다. 자칫 직장에서도 습관적으로 이런 말투를 사용한다면 좋은 이미지를 주지 못합니다. 함께 밥 먹고 싶은 사람으로 남는 것이야말로 소소하지만 확실한 행복의 증거일 것입니다.

살리는 언어의 마술사

'언어 폭력'이라는 말이 있습니다. 폭력이라고 하면 흔히 육체적 폭력을 떠올립니다. 그래서 언어가 폭력이 된다는 것이 잘 와닿지 않을 수도 있습니다. 육체에 가해지는 물리적 폭력은 가시적인 흔적이 남고 이것이 증거가 됩니다. 하지만 언어 폭력은 당사자 간의 기억과 내면에만 남기에 명확하게 증명하기도 어렵고 주변 사람들에게 드러나지 않기도 합니다. 그런데 언어 폭력으로 사람이 죽을 수도 있음이 여러 사건을 통해 드러나고 있습니다. 직장에서 상사에게 지속적인 언어 폭력에 시달리다가 스스로 목숨을 끊은 사건이나, 친구들에게 욕설과 비난의 언어 폭력에 시달리던 고등학생이 개학을 앞두고 옥상에서 뛰어내린 사건도 있었습니다. 언어 폭력으로 심한 정신적 충격을 받아서 대인 관계도 힘들어지고, 정상적인 사회생활이 불가능해진 경우도 있습니다. 그리고 언어 폭력의 후유증이 신체적 질병으로 나타나는 일도 적지 않습니다.

보이지 않는 폭력이라고 불리던 언어 폭력이 이제는 보이는 폭력의 범주으로 자리하게 된 세상입니다. 한 지자체의 조사에 의하면 지역 내 학교 폭력에서 가장 많은 비중을 차지한 것이 바로 언어 폭력으로 전체 폭력의 35%를 차지한다고 합니다. 폭력이란 기본적으로 상대방의 의사에 반하는 일방적인 행위를 말합니다. 주먹이나 흉기를 휘둘러야만 폭력이 아닙니다. 아무리 좋은 의도라도 상대방이 원하지 않으면 해서는 안 됩니다. 의도가 결코 수단을 정당화하지는 못합니다. 친하거나 가깝다고 해서 일방적이어도 되는 것은 아닙니다. 부부 사이, 부모와 자녀 사이, 연인 사이, 오랜 직장 동료 사이 등 그 어떤 경우라도 일방적이거나 상대방이 불편하면 폭력이란 의식을 가져야 합니다. 상대방을 지나치게 예민하거나 사회성이 부족한 사람이라고 섣불리 판단하면 안 됩니다. 애든 어른이든 상대가 원하지 않은 행위는 일단 폭력인 것입니다.

"말은 깃털처럼 가벼워서 한번 내뱉으면 주워담기 힘들다"는 유대인의 격언도 있지만, 어떤 면에서는 말이 강철로 만든 검劍만큼이나 날카로워서 사람의 몸과 마음을 베고도 남음을 알 수 있습니다. '검'을 뜻하는 영어 단어 sword에서 한 글자만 빼면 '말'을 뜻하는 word가 되는 것은 우연이 아닐 것입니다. 그만큼 검이나 말이나 사람을 해치는 무기가 될 수도 있는 것이지요. 실제로 언어 폭력은 시간이 지나면서 신체 폭력으로 이어지는 경우가 매우 많다는 연구 결과도 있습니다. 더 이상 데이트 폭력이나 가정에서의 부모와 자녀 간의 폭력을 개인적인 문제라거나 사랑이란 이름으로 포장해서 덮어두면 안 됩니다.

"검*sword*과 말*word*은 연결된 것입니다."

언어 폭력은 상대방의 자존감을 무너뜨리는 행위입니다. 또한 상대방의 자신감도 떨어뜨려서 가해자의 눈치를 보게 만듭니다. 그래서 언어 폭력에 노출된 사람은 점차 무기력해지고 사람이 무섭거나 싫어지면서 점차 고립되고, 혼자만의 세계로 숨어들다가 극단적인 선택을 하기도 합니다.

언어 폭력의 종류는 생각보다 매우 다양합니다. 가장 쉽게 생각하는 것이 욕설이나 비속어 등입니다. 하지만 그 외에도 상대방의 신체적 결함을 함부로 언급하는 것, 성적인 농담으로 비하하는 것, 상대가 수치심을 느낄 수 있는 말, 무시하고 따돌리는 말 등도 언어 폭력에 해당합니다. 언어 폭력의 핵심은 상대방에 대한 존중이 없다는 것입니다. 상대방이 얼마나 상처를 받을까 생각하지 않고 일방적으로 자신의 생각만을 내던지는 말은 모두 언어 폭력이 됩니다. 이런 말은 사람을 죽이는 말입니다. 살리는 말을 통해 나도 살고, 상대도 살 수 있는 따뜻한 관계의 도구로는 어떤 언어가 있을까요?

정부의 여러 유관 기관에서 실시한 청소년 실태조사에 의하면 우리나라 학생들의 80% 가까이가 일상생활에서 매일 욕설을 사용한다고 합니다. 사춘기의 반항심 가득한 중고생은 물론 초등학생도 예외가 아닙니다. 특별히 문제 학생이라고 분류되는 아이들만이 아니라 대다수의 학생들이 사용하는 언어가 욕설을 포함하고 있는 현실입니다. 주위에 누가 있건 없건 개의치 않고 자기들끼리 욕설을 주고받아야 통한다고 생각하는 지경입니다. 막상 그 욕설의 의미를 알려주면 그런 뜻을 담은 말임을 모르는 경우도 꽤나 많습니다. 또 인터넷 댓글에는 상상을 초월한 말들이 줄줄이 이어집니다. 언어의 품격이 실종된 채로 우리 사회가 과연 건강한 인간관계를 만들 수 있을지 의문스러운 이유입니다. 언어는 인간 고유의 소통 수단이지, 천박한 욕구와 감정의 배설 수단이 아닌 것을요.

비폭력 대화법이란 것이 있습니다. 관련 책도 여러 권이 출판될 정도이니 여기에서 모두 소개하기는 무리입니다. 다만 제가 이 책에서 강조하는 친절하고 따뜻한 관계의 방향성에 굉장히 어울리고 필요한 개념이라 핵심만 언급하겠습니다. 우리나라에도 비폭력 대화 전문기관이 설립되어 있으니 그곳에서 개최하는 세미나와 관련 책을 통해 보다 깊이 있게 배워보시면 좋겠습니다.

아무튼 품격 있는 삶과 건강한 관계를 위해서는 비폭력 대화에서 제시하는 개념과 방법을 알아둘 필요가 있습니다. 이 대화법을 떠받치고 있는 뿌리에는 인간에 대한 기본적인 존중과 공생의 원리가 있습니다. 단순한 커뮤니케이션 스킬을 넘어서 인간은 모두 연결되어 있으며, 자신과 모든 사람들의 욕구를 동일하게 고려하는 태도로 그 존엄성을 인정하는 것에서 출발합니다. 그러니까 비폭력 대화란 인간으로서의 상호 연결과 관계 강화를 이루는 방법인 것입니다.

저도 그랬지만 비폭력이라는 명칭을 보고 많은 사람들이 오해를 하거나 거부감을 갖기도 합니다. 하지만 평소의 언어 생활을 자세히 살펴보고 자신을 돌아보면 비록 물리적인 폭력이나 저급한 욕설을 사용하지 않았더라도 우리의 언어에 폭력적 요소가 얼마나 많이 스며들어 있는지 알게 됩니다. 도덕주의적 판단, 비교하기, 책임 회피, 당연시하기 등의 언어가 상대방에게는 폭력임을 깨닫는 것이 선행되어야 이해가 됩니다. 그래서 '공감의 대화' 혹은 '연민의 대화'라고도 불리는 비폭력 대화법의 4가지 요소는 관찰, 느낌, 욕구, 요청입니다.

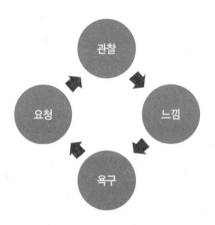

아마 커뮤니케이션에 대해 조금이라도 관심을 갖고 공부해본 분이라면 이 4가지 요소와 유사한 개념을 이미 배웠거나 알고 있을 것입니다. 정확한 용어는 달라도 의도와 의미는 유사할 수 있는데, 여기서는 비폭력 대화에서 사용하는 용어 중 대인 관계에 적용할 부분을 말하고자 합니다.

가장 먼저 판단하지 말고 관찰하여 표현하는 것이 중요합니다. '관찰'이란 의미는 평가하거나 판단하지 않고 객관적인 사실에 근거함을 말합니다.

"요즘 정신이 없네? 회사 다니기 싫어?"

이렇게 말하는 당사자는 상대방의 개념 없는 행동이나 불량한 근무 태도를 참다못해 언급한 것이므로 문제없는 표현이라고 여길 것입니다. 그보다는 "김대리, 이번 주에 보고서 누락이 세 번 있었어"라고 관찰의 사실적 표현으로 바꾸는 것이 좋습니다.

두 번째로 '느낌'이란 감정을 이입시키지 않고 관찰을 통해 자신의 느낌을 말하는 것입니다. 간혹 "내가 너 때문에 속이 터진다, 정말"이라고 하면서 감정을 섞어 말하는 경우가 있습니다. 말하는 사람이야 그럴 만한 이유가 있으니 문제가 없다고 여기겠지만, 이런 감정은 관계를 깨뜨리고 상대방을 존중하지 않음을 나타냅니다. "두 번이나 내 말을 안 들어서 내가 화가 나"와 같이 감정이 아닌 그냥 느낌을 담담하게 전할 때 깊이 있는 유대 관계와 상호 만족이 가능하다는 것을 인식해야 합니다.

세 번째로 '욕구'는 자신이 바라는 것을 알아채고 말하는 것입니다. "보고서 제출이 늦어지면 사전에 카톡으로라도 알려주면 좋겠어, 내가 불안해지거든"과 같이 자신의 욕구를 말하는 것입니다.

마지막으로는 강요나 지시가 아닌 '요청'을 해야 합니다. "앞으로 두고 보겠어, 똑바로 해!"가 아니라 "앞으로는 내가 확인하기 전에 미리 보고해줄 수 있겠지?"라고 말하는 것이 좋습니다.

이 대화법은 자신과 상대방을 동등하게 존중하면서 서로의 만족을 추구하는 것이 기본 정신입니다. 앞에서 제시한 4가지 요소를 통해 대화를 할 때 표정이나 목소리에도 부정적인 감정이 실리면 안 됩니다. 무슨 말을 하는지 이상으로 어떻게 말하는지도 중요하다고 여러 번 강조했습니다. 그래서 이 대화법은 단지 스킬이 아니라 인간에 대한 근원적인 이해와 공감 그리고 연민이 수반되지 않으면 실천하기가 매우 어려운 방법입니다. 삶의 언어를 익힌다는 것이 그리 만만한 일은 아니겠지요. 본인이 몇 번 해봤는데 잘 안 된다고 해서 이 방법에 문제가 있다고 해서는 안 됩니다. 내가 못하는 원인을 성찰해야지, 남 탓을 하면 발전이 없는 법입니다.

어떤 이는 어떻게 사람이 이렇게 말할 수 있느냐고 합니다. 자기는 속이 답답해서 도저히 못하겠다고도 합니다. 그래서 이 4가지 요소를 실천하려면 자존감이 중요합니다. 판단이나 감정을 싣지 않은 채 담담하게 말하고, 요청에 응해주지 않더라도 불편해하지 않을 정도의 자존감 없이는 이 방법을 사용하기가 어렵습니다. 먼저 자신의 내면을 강화해야 실제 상황에서도 흔들리지 않고 제대로 활용할 수 있기 때문입니다. 무엇이든 그 영역에서 일가를 이루려면 표면적인 방법에 앞서 먼저 깊은 자기 수양이 필요한 법이지요.

휘둘리지 않고 자유롭게

펠츠만 효과*Peltzman effect***라고 들어보셨는지요?** 충분한 안전장치가 오히려 위험을 부추기는 현상을 말합니다. 안전하기로 유명한 자동차를 운전하는 사람이 방심해서 오히려 사고를 더 많이 낸다는 것입니다. 주변에 이런저런 조언과 도움을 주는 지인들이 많으면 오히려 의사 결정에 애를 먹을 수가 있습니다. 일명 결정 장애가 생기는 것이지요. 요즘 너나없이 자녀를 하나만 낳아 키우다 보니 부모들의 극성이 오히려 아이들을 망치는 일도 생깁니다. 무엇 하나 스스로 고민하고 숙고해서 결정하질 못합니다. 예전의 헬리콥터 맘이 이제는 드론 맘으로 진화까지 했습니다.

게다가 인터넷의 영향으로 아무리 사소한 것이라도 일단 검색부터 하고 봅니다. 사색이란 단어는 검색이란 단어에 밀려서 이미 사어가 된 지 오래된 듯합니다. 뭐든지 원하면 누군가의 도움으로 척척 해결되거나 결정하게 되니 이것이 습관이 되어 독립적인 생각의 힘을 잃어버린 '어른이'들도 많습니다. 주변의 도움과 정보가 너무 많아서 탈인 세상이 된 것이지요. 요즘 아이들 말마따나 TMI*Too Much Information*인 것입니다. 지나친 정보나 도움은 과유불급으로 주체성을 깎아먹는 역효과가 있을 뿐입니다. 스스로 결정하려고 해도 이미 습관이 되어 검색부터 하고 본다든지 주위의 의견을 들어봐야 마음이 편해집니다. 그리고 결정을 망설이게 됩니다. 본인의 결정이나 선택이 최선이 아니거나 남들이 뭐라 할지 모른다는 두려움 때문이지요.

서양 문화권의 사람들은 자주적으로 살아갈 때 행복해하며, 자주성을 침해받을 때 분노합니다. 그에 비해 우리나라 사람들은 연대감을 느낄 때 행복해하며, 연대가 끊어지고 소외감을 느끼면 불안해합니다. 우리가 그만큼 관계에 민감한 것입니다. 과거 산업화 시대에 국가적으로 허례허식 금지 운동이 벌어질 만큼 우리 사회는 보여주기 의식이 강했습니다. 그렇게 남을 의식하니 세상을 보기보다 보여주기가 더 발달했고, 보여주기 위해 과소비를 하거나 보여줄 것이 없다고 느낄 때 열등감이 생기는 것이지요. 나에게 있는 소박함이 누군가에게는 쉽사리 맛볼 수 없는 축복일 수 있는데도 우리는 라캉의 말처럼 타인의 욕망을 욕망하며 사는 것인지도 모릅니다.

일찍이 로마의 철학자 세네카는 오래 사는 것과 오래 생존하는 것은 다르다고 했습니다. 마치 바다로 나간 배가 풍랑으로 오래 표류하다 제자리로 돌아왔다고 해서 오래 항해한 것은 아니라는 비유가 더없이 명쾌할 뿐입니다.

우리는 어떤 생각으로 사는가에 초점을 맞춰야지, 어떤 것을 보여주며 살 것인가에 초점을 맞추면 삶이 천박해집니다. 자신만의 삶의 원칙과 방향을 유지하며 살아야 변화하고 성장할 수 있습니다. 인생에서 자신만의 속도를 유지하는 사람이 진정 용기 있는 사람입니다. 비교는 사람의 마음을 병들게 합니다. 비교는 행복한 삶을 위해 없애야 할 1순위입니다. 비교比較라는 말에는 이미 두 자루의 칼比이 들어 있어서 나와 남을 베기 십상이기 때문이지요. 삶이 쉽기만 해서 사는 사람은 없습니다. 오히려 그럼에도 불구하고 자신의 삶에 책임을 지는 태도로 살아가는 사람이 건강하다고 스캇 펙 박사는 말합니다.

"비교하지 않고 책임지는 삶을 살면 행복합니다."

검소한 것과 인색한 것은 어떻게 다를까요? 여러 기준으로 그 차이를 설명할 수 있겠지만, 가장 단순한 구분법은 자신의 마음이 아닐까요? 내가 좋게 생각하는 사람이면 검소한 것이고, 그렇지 않고 밉게 보는 사람이면 인색한 것이지요. 내가 어떤 기준을 갖고 사는가에 당당한 의미를 둔다면 타인의 눈치를 덜 보게 될 것입니다. 그렇게 자신의 마음에 무게 중심을 싣게 되면 타인과의 관계에서도 눈치 보지 않고 조금은 더 편하게 상황을 수용하게 될 것입니다. 자신은 물론이고 세상을 향한 시선이 너그러울수록 평안함이 생깁니다. 한마디로 '그럴 수도 있지'라는 생각이면 못 넘길 일이 없습니다. 인간관계에서도 '그럴 수가 있나'에서 '그럴 수도 있지'로 바꾸는 순간 세상이 달라집니다. 이런 기준으로 주체적인 삶을 살아가면 관계에서도 자유로울 수 있습니다.

저는 요즘 시간이 너무나 빨리 지난다고 느끼며 살고 있습니다. 100세 시대에 이미 절반을 넘게 살아버렸다고 생각하니 가끔 아쉬운 생각이 들기도 합니다. 어려서는 빨리 어른이 되고 싶어서 시간이 느리게 간다고 답답해한 적도 많았는데, 이제는 돌아서면 일주일이 후딱 지나 있습니다. 아무리 오래 살았어도 순간순간을 알차게 살지 못했다면 얼마 살지 못한 것이라는 몽테뉴의 말이 이제는 이해가 됩니다. 인생이란 여정의 종착역은 시시각각 다가오는데 사소한 것을 가지고 미적거리고 남의 눈이나 의식하면서 타인의 욕망으로 살아가는 것은 자기 자신에게 돌이킬 수 없는 죄를 짓는 것 아닐까요? 나이 좀 먹었다고 술이나 마시고 골프나 등산으로 소일만 하며, 배우고 도전하지 않으면 꼰대가 됩니다. 100세 시대의 네오 사피엔스는 지속적으로 배움에 열려 있는 지적 호기심을 지닌 사람입니다.

세계적인 여론조사 기관으로 유명한 갤럽의 짐 클리프턴 회장은 주의력 결핍증이 있었습니다. 당연히 공부에 집중하고 성적을 올리는 데에는 치명적인 약점이 었었던 셈이지요. 하지만 그의 아버지의 양육 방식은 달랐습니다. 약점은 개선되기 어렵지만 장점은 무한히 개발될 수 있다는 믿음으로 아들의 장점에 주목한 것입니다. 리더십의 거장인 존 맥스웰 박사도 리더십 역량을 강화하는 방법으로 장점을 강화하는 데 주력하라고 조언합니다. 그는 자신의 장점 개발에 75%, 새로운 배움에 20%, 약점 보완에 5%의 노력을 투자하도록 포트폴리오를 구성했습니다. 누구나 장점은 있습니다.

제가 진행하는 부부 세미나에서 반드시 하는 활동 가운데 배우자의 장점을 적는 것이 있습니다. 처음에는 10개를 못 채워서 당황하지만 의지를 갖고 적어가면 50가지도 적어냅니다. 수십 년을 같이 산 부부가 장점이라고 할 만한 것이 뭐 그리 새롭게 눈에 띄겠습니까? 하지만 생각하면 할수록 떠오르게 되어 있습니다. 미처 장점으로 여기지 못한 이유가 있을 뿐입니다. 장점에 대한 고정관념을 바꾸기만 하면 수많은 장점이 눈에 보일 것입니다.

우리는 성공을 대단한 성취와 연결시키는 버릇이 있습니다. 남들이 갖지 못한 것을 가짐으로써 상대적 우월감을 느껴야 성공한 것이라고 생각합니다. 이런 고정관념을 버려야 합니다. 장점에 대해서도 마찬가지입니다. 관점을 바꾸면 안 보이던 것들이 보이게 됩니다. 그것이 진정한 안목이고 통찰이 아닐까요?

캐시어스 클레이는 로마 올림픽에서 금메달을 딴 복싱 선수였습니다. 그런 그가 어느 날 백인 전용이라는 이유로 식당 입장을 저지당하고 얻어맞는 수모를 겪게 됩니다. 그래서 남들에게는 그토록 선망의 대상인 올림픽 금메달을 강물에 던져버리고, 남들의 환호와 시선에서 벗어나 자신의 삶을 주체적으로 살기로 결심합니다. 이 일이 도화선이 되어 흑인 인권운동이 전국적으로 퍼져나가게 되었습니다. 그가 바로 훗날 전설적인 복서가 된 무하마드 알리입니다. 남들이 한다고 본인의 생각과 다른데도 그냥 따라가는 삶은 행복하지 않습니다. 자기 자신을 잃지 않으려면 자신의 기준과 철학으로 저항할 필요도 있습니다. 용기와 고통이 따르더라도 인내하고 밀고 나가야 합니다. 그러면 기쁨의 순간이 찾아올 것입니다. 고통痛 뒤에 따르는 기쁨快이 곧 통쾌痛快 아니겠습니까?

관계의 고통과 어려움으로 힘들어하지 않으려면 먼저 나 자신의 가치 기준을 확고하게 붙잡는 용기와 배짱이 필요합니다.

"그대여 아무 걱정하지 말아요 우리 함께 노래합시다 그대 아픈 기억들 모두 그대여 그대 가슴에 깊이 묻어버리고 지나간 것은 지나간 대로 그런 의미가 있죠 떠난 이에게 노래하세요 후회 없이 사랑했노라 말해요"

들국화가 노래한 〈걱정 말아요 그대〉의 일부분을 되새기며 전인권의 찢어질 듯한 고음과 긁어내리는 듯한 음성을 가만히 느껴봅니다. 내 삶의 그릇에 내가 채운 모든 것들이 결코 하찮은 것은 아니라는 따뜻한 다독임과 함께…….

CHAPTER 7

거리를 두되 함께 걸어라

함께 있되 거리를 두라

그래서 하늘 바람이 너희 사이에서 춤추게 하라

서로 사랑하라

그러나 사랑으로 구속하지는 말라

그보다 너희 혼과 혼의 두 언덕 사이에 출렁이는 바다를 놓아두라

(중략)

함께 서 있으라

그러나 너무 가까이 서 있지는 말라

사원의 기둥들도 서로 떨어져 있고

참나무와 삼나무는 서로의 그늘 속에선 자랄 수 없다

칼릴 지브란의 〈함께 있되 거리를 두라〉는 시의 한 부분입니다. 관

계 때문에 힘들어하면서도 관계에서 자유롭지 못한 일상의 수많은 사람들이 생각났습니다. 피할 수도 없고, 피해서도 안 되는 관계라는 올무에 걸린 듯한 현대인들의 너나없는 고민입니다. 시인은 함께 있으라고 합니다. 그러면서도 적당한 거리를 두라고 말합니다. 전적으로 공감하면서도 저는 순서를 바꿔보고 싶었습니다. 그것이 진짜 제가 전하고자 하는 의도에 가깝기 때문입니다. 적당한 거리를 두더라도 반드시 함께 걸었으면 좋겠습니다. 그래야 따뜻하고 친절한 관계 속에서 살아가는 사회가 되기 때문입니다.

인공지능과 함께 웰빙과 힐링의 시대를 살면서 누구나 행복한 삶을 그리며 살아갑니다. 이제 웬만큼 그런 삶을 조금씩은 누리고 사는 것 같습니다. 하지만 '내가' 그렇게 사는 것과 '우리가' 그렇게 사는 것은 분명 다릅니다. 우리 사회가 아직은 내가 그렇게 사는 세상에 머물러 있다고 생각합니다.

이제 우리가 그런 삶을 살기 위해서는 조금씩만 더 친절하면 좋겠습니다. 조금씩만 더 낯선 이에게도 부드럽게 다가서면 좋겠습니다. 직접적인 이해관계에 얽힌 관계가 아닌 사람도 조금씩만 더 진심 어린 표정으로 바라보면 좋겠습니다.

스펙이나 출신, 피부와 이념이 달라도 그게 그 사람이려니 하는 마음으로 자연스럽게 대화할 수 있는 성숙한 너그러움이 있었으면 좋겠습니다. 어른이 된다는 것은 성숙해간다는 것입니다. 어른으로 성숙하다는 것은 그저 너그러워지는 것이 아닐까 싶네요. 오랜 세월 동안 우리를 가

뒤놓았던 지나친 동질성의 집착을 이제는 던져버릴 때입니다. 다양성을 수용하지 못하면 더불어 살아갈 수가 없습니다. 기꺼이 누구와도 더불어 살아가는 시스템과 문화를 가진 공동체가 경쟁력을 갖고 지속 가능한 세상입니다. 이것이 진짜 적자생존이 아닐까요?

나무를 일정한 간격으로 심어놓으면 마음대로 자란답니다. 그러다가 10년쯤 지나고 옆 나뭇가지와 맞닿으면 공간과 높이를 조정하면서 숲을 이루어간답니다. 다양한 나무끼리 상호 존중과 협상으로 함께 살아가는 법을 실천하는 것이지요.

"동질성에서 다양성으로의 진화가 진짜입니다."

베인앤컴퍼니의 오릿 가디쉬 회장은 '엑스퍼트 제너럴리스트'란 개념을 제시했습니다. 우리는 통상적으로 제너럴리스트와 스페셜리스트를 비교합니다. 과연 어느 쪽이 더 경쟁력이 있을까에 대한 견해는 다양합니다. 각각의 장단점이 있음을 알기에 쉽게 판단하기 어렵지만, 4차 산업혁명을 이야기하는 지금의 세상에서는 다양한 지식과 능력이 결합된 엑스퍼트 제너럴리스트가 필요하다는 것입니다. 한 우물을 파는 것에서 이제는 여러 우물을 연결하여 파는 것으로 변화한 것입니다. 물론 얄팍한 수준이 아니라 제법 깊게 팔 수 있는 실력과 경험을 기반으로 여러 우물을 파서 연결하는 것을 말합니다. 변화하는 시대의 인재상이 이렇게 바뀌고 있는 상황에서 드넓은 들판의 '나 홀로 나무'처럼 고립되어 서 있는 것은 바람직하지 않은 선택입니다. 함께 서 있어야 합니다.

통섭, 공생, 협업, 공감, 플랫폼. 이 모든 것이 바로 미래 사회에서 요구하는 핵심적인 생존 조건입니다. 쓸데없이 폼 잡는 단어로 표현했지만 한마디로 말하면 연결과 관계입니다. '나' 혼자도 의미 있겠지만, '우리'일 때 더 값진 것이 인생입니다.

만약 함께 있는 사람 때문에 힘이 든다면 거리를 두더라도 함께 서 있길 바랍니다. 내가 누군가와 함께 서 있으면 그 누군가도 다른 누군가와 함께 설 수 있을 것입니다. 그렇게 세상은 연결되고 확장되는 것이지요. 지금은 공유 경제의 모델들이 지구촌 곳곳에서 활기차게 진행되고 있는 세상입니다. 내 것을 확보하고 독점해야만 성공한 삶이었던 과거와 달리 함께 공유하고 나누는 삶이 확산되고 있습니다. 그리고 생각보다 공유할 영역은 넓습니다.

아직 활성화되지는 않았지만 일본의 경우를 보더라도 머지않아 우리나라도 확산이 될 것으로 여겨지는 셰어 하우스나 코하우징도 그런 개념입니다. 콘셉트를 갖추고 삶의 공통분모를 가진 사람들이 따로, 또 같이 살아가는 공간으로서의 집! 이젠 같은 혈연끼리 가족을 구성하여 모여 사는 곳만이 집이던 시대는 지났습니다. 연결과 관계의 시대에는 더 넓은 의미의 집이 등장합니다.

아무리 1인 가구가 늘어나고 혼자 독립하여 생활하는 사람이 많아지더라도 독립된 삶과 고립된 삶은 다른 것입니다. 누구도 고립되어 살기를 원해서 고시원이나 원룸으로 들어가지는 않을 것입니다. 현실적인 문제에 가로막힌 어쩔 수 없는 선택이었을 것입니다. 셰어 하우스나 코하우징이란 개념이 그런 고민을 해결하면서도 연결과 공유의 안정감을 주는 것입니다. 스웨덴의 경우 국민의 20%가량이 공유 주택에 살고 있을 정도입니다.

스몸비족이란 말이 생길 정도로 스마트폰에 중독되어 사는 사람들이 많습니다. 애나 어른이나 할 것 없이 모두 스마트폰에 고개를 처박고 이어폰까지 귀에 꽂고 살아갑니다. 눈과 귀가 가려진 상태에서의 소통과 관계는 당연히 원만할 수가 없습니다. 할 일이 스마트폰밖에 없는 현대인의 삶이 참으로 고단합니다. 반면 스마트폰이 아니라도 할 일이 생긴다면 스몸비족에서 벗어날 수 있을 것입니다. 친구들과 노느라 정신이 없는 아이들이 스마트폰을 찾지는 않습니다. 누군가와 함께하면서 즐겁고 행복한 상황에서 스마트폰을 찾는 어른도 없을 것입니다. 스마트폰을 찾지 않아도 될 만큼 누군가와 행복하게 함께 걷는 세상을 우리가 만들 수는 없을까요?

서울 마포구에 소행주라는 공동체가 있습니다. 소통이 있어 행복한 주택, 소행주입니다. 그리고 강북구 인수동의 밝은누리 공동체, 전라도 광주시의 신흥마을, 경기도 파주시의 문발동 등 우리나라에도 이제 공동체의 삶을 사는 곳이 늘고 있습니다. 제아무리 인공지능 로봇이나 반려동물이 애교를 떨어도 띵동 하는 알림음으로 생일과 기념일을 통보받으며 홀로 살면서 인간 본연의 행복감을 충족시키기는 어려운 법입니다. 따뜻한 친절과 공감으로 서로 나누고 돌보며 친밀함을 느낄 때 존재감과 자신감이 생기는 것입니다. 나를 둘러싼 그 누군가에게 한 걸음 더 친절하고 따뜻하게 다가서는 용기만 있다면 가능할 것입니다. 나 혼자가 아닌 우리여서 행복한, 함께 걷는 삶이 말이죠. 지금 우리는 낯선 친밀감이 필요한 때가 아닐까 합니다.

'가왕'이라고 불리는 조용필의 노래 중에 〈그 또한 내 삶인데〉란 노래가 있습니다.

"손 내밀면 닿을 듯한 추억이 그림자 되어 지친 내 마음 위로해주고 다시 나를 살아가게 해 계절 따라 피어나는 꽃으로 세월을 느끼고 다시 고독이 찾아와도 그 또한 내 삶인데"

우리의 삶에 온통 꽃길만 있는 것은 아닙니다. 그럼에도 그 또한 내 삶이라고 받아들이는 용기가 필요합니다. 그런 용기가 나 자신을 받쳐주면 타인에 대한 나의 시선이 편안해집니다. 그리고 나에 대한 타인의 시선에도 불편함이 줄어들 것입니다. 이렇게 되면 대인 관계의 편안함이 생기게 되는 것이지요. 뉴욕 대학교 심리학과 오틴젠 교수가 권하듯이 잘될 것이라는 긍정적 사고에 혹시 잘 안 될 수도 있음을 미리 예상하는 정신적 대조*mental contrasting*로 건강한 삶의 방향을 향해 걸어가면 되는 것입니다.

인생을 살아가면서 관계를 피할 수는 없는 노릇입니다. 그리고 누구나 좋은 관계 속에서 살기를 원합니다. 하지만 마음대로 되지 않는 것이 타인과의 관계인 만큼 힘들고 지치기도 합니다. 이런저런 이유로 갈수록 타인의 시선에서 벗어나기도 힘든 상황입니다. 게다가 사회의 변화에 따라 다양한 사람과의 대면 접촉을 통한 관계 훈련과 경험의 기회도 줄어들고 있습니다. 또한 저마다 자기 자신의 삶을 위주로 생각하고 질주하는 탓에 충돌과 갈등이 무수히 산재한 세상이 되었습니다. 아파트 경비실에 에어컨을 달아주려고 하자 관리비가 올라간다고 반대한 입주민이 있는가 하면, 임대 아파트라 입주민도 에어컨이 없다며 경비실에 에어컨을 달지 않겠다고 손사래 치는 경비원도 있는 난해한 세상입니다.

예전에는 길을 가는데 자동차가 다가오면 갓길로 비키거나 종종걸음으로 빨리 지나치는 시늉이라도 했었는데 요즘은 신경도 안 씁니다. 한 번 힐끗 쳐다보거나 아예 쳐다보지도 않고 그냥 가던 길을 느긋하게 갈 뿐입니다. 운전자가 철저히 무시당하는 느낌이 들 정도입니다. 누구도 자신의 삶에 뭐라고 하는 것을 수용하지 못하는 세상입니다. 내가 잘 사는 것에 그 무엇도 우선하지 못합니다. 그러니 갈수록 관계의 뒤틀림과 내면의 고독은 심해질 따름입니다. 오늘날 인류의 보편적 가치인 자유와 평등도 인간에 대한 기본적인 존중과 자비의 마음이 뒷받침하는 박애가 있을 때 비로소 완전해지는 것입니다.

호모 엠파티쿠스, 공감하는 인간을 말합니다. 어쩌면 지금은 신영복 선생의 '우산을 들어주'는 것이 아닌 함께 비를 맞는 친구'가 더 필요한 시대일지도 모릅니다. 원래 인간은 함께 걷게 되어 있습니다. 약간의 불편한 점을 빼고도 함께 걷는 삶이 훨씬 남는 삶입니다. 그런 삶의 원리가 가정과 사회에서 점점 흐트러지고 있습니다. 사람들은 자신의 동굴에서 눈치만 살피다가 필요에 의한 형식적인 관계의 끈만을 붙잡으려고 합니다. 생존에 직결된 계산적인 끈에만 관심을 가집니다. 혹은 관계의 끈을 놓칠까봐 전전긍긍하며 마음 졸이기도 합니다. 이들 모두 행복한 삶의 여정으로 가는 건강한 관계는 아닙니다. 눈치 보며 애태우지도 말고 지나치게 관계의 늪에서 허우적거리지도 않는, 당당하되 따뜻한 관계의 힘을 길러봅시다. 미움이 사랑으로, 분노는 용서로, 고립은 위로로 조율 한 번 하면서 살아갑시다. 한영애의 노래 가사처럼 말이죠.

이 책이 그런 시도를 하는 모든 독자분들의 삶의 한편에 지긋이 자리 잡고, 응원하며 힘을 주는 책으로 남게 되길 소망합니다. 좋았다면 추억이고, 나빴다면 경험이라던 캐롤 터킹턴의 말처럼 길고 긴 인생의 여정에서 대인 관계에 너무 얽매이지 말았으면 좋겠습니다. 나 자신의 존재 자체로도 충분히 감사한 삶이었음을 인정하고, 타인의 시선에서 자유로울 수 있는 마음을 단단히 챙기는 작은 마중물이 되길 바랍니다. 인간은 서로 연결된 삶을 살수록 더 건강하고 장수한다는 의학적 사례도 많은 만큼 거리를 두되 함께 걸으며 행복의 길로 나아갑시다. "이 세상 어디선가 울고 있는 누군가는 나를 위해 울고 있는 것"이라는 릴케의 말을 통해 한 번 더 힘을 얻으며, 나 또한 그 누군가의 역할을 하는 함께 걷는 세상을 기쁨으로 바라봅니다.